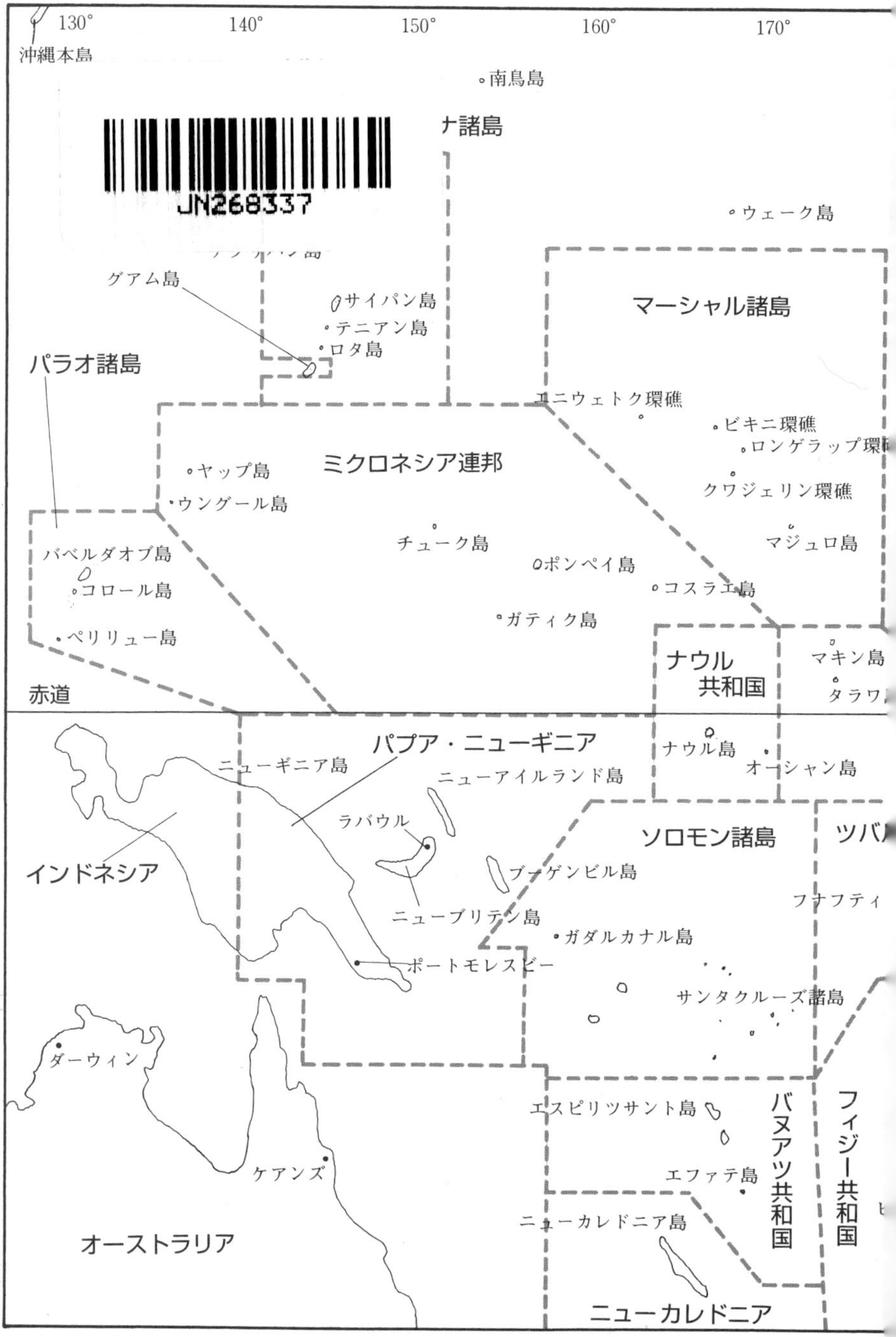
130°
140°
150°
160°
170°
沖縄本島
南鳥島
ナ諸島
ウェーク島
グアム島
サイパン島
テニアン島
ロタ島
マーシャル諸島
パラオ諸島
エニウェトク環礁
ビキニ環礁
ロンゲラップ環
ミクロネシア連邦
ヤップ島
ウングール島
クワジェリン環礁
バベルダオブ島
チューク島
マジュロ島
コロール島
ポンペイ島
コスラエ島
ペリリュー島
ガティク島
ナウル
共和国
マキン島
タラワ
赤道
パプア・ニューギニア
ナウル島
オーシャン島
ニューギニア島
ニューアイルランド島
ラバウル
ソロモン諸島
ツバ
インドネシア
ブーゲンビル島
フナフティ
ニューブリテン島
ガダルカナル島
ポートモレスビー
サンタクルーズ諸島
ダーウィン
エスピリツサント島
バヌアツ共和国
フィジー共和国
ケアンズ
エファテ島
ニューカレドニア島
オーストラリア
ニューカレドニア

観光コースでない
グアム
サイパン

ANOTHER GUAM & SAIPAN

大野 俊 著

高文研

✺——はじめに

ミクロネシアは、私が最初に訪れた外国である。

大学時代、探検部部員だった私は、沖縄の八重山《やえやま》諸島などでダイビングにうつつをぬかしていたが、そのうちにもっと海が美しいと言われるミクロネシアでも海で潜ったり、島民と同じような自給自足に近い暮らしを体験したいとの気持ちが強くなった。大学三年を終えた時点で休学し、アルバイトで貯めた金をもとに、思い憧れる「南国の楽園」に旅立った。一九七五年、グアム、トラック（現在の呼称はチューク）、ポナペ（同ポンペイ）、ヤップ、パラオなどの諸島を一人で転々とし、それぞれの島で住民のお宅に居そうろうをさせてもらいながら彼らと交流した。

約三カ月の旅を終えた後の私のミクロネシアに対する印象は、旅行前とはすっかり変わったものになった。ポナペ島南方のヌクオロ環礁はじめ、「楽園」と呼ぶにふさわしいエメラルドグリーンの海も見たが、いたるところで太平洋戦争中に使われた日本軍の兵器の残骸を目にし、戦争中の苦しかった思い出話を住民から聞かされた。グアム島以外の島々は、かつて三十年間にわたって日本が統治し、「南洋群島」と呼んでいた地域である。戦前、日本語教育を受けた人々は、当時の出来事を日本語で私に教えてくれた。「日本」と「戦争」の残像があまりに強く、初めての海外という緊張感も手伝って、楽園ムードにひたる余裕はほとんどなかった。

大学を卒業し、新聞記者になってからも、労働組合が主催した「青年の船」に同乗してサイパン島、テニアン島を船で訪れ、さらにマニラ特派員時代にはグアム島、サイパン島、パラオ諸島、マーシャル諸島で、それぞれが抱える政治、社会問題などを現地取材する機会を得た。学生時代以来、四半世紀におよぶ私のこの地域への強い思い入れが、本書執筆の動機である。

ミクロネシアは、グアム島と旧南洋群島、つまり現在の北マリアナ諸島、ミクロネシア連邦、マーシャル諸島共和国、パラオ共和国だけでなく、赤道に近いナウル共和国やキリバス共和国も含む。東は西経一五〇度付近から、西は東経一三一度付近まで広がる。最も大きな島はグアム島だが、それでも淡路島よりはやや小さい。すべての島を合わせた総陸地面積は三千九十九平方キロメートル。「小さな島々」を意味する「ミクロネシア」と呼ばれるゆえんである。総人口は、最も多いグアム島(一九九九年推定で十六万三千五百人余り)を含め約五十二万人にすぎない。

はじめに

太平洋の島嶼圏は、ミクロネシアのほか、ハワイ、イースター島、ニュージーランドを結ぶポリネシア（「多数の島々」という意味）、インドネシアとポリネシアの間にあるメラネシア（「黒い島々」の意味）の三地域に区分される。

まず、ミクロネシアの歴史を振り返っておこう。

ミクロネシアが世界史に登場するのは、一五二一年のマゼランの渡来に始まる。マゼランの船隊はグアム島などに到達し、その後、この地域はスペインの植民支配下に入る。カトリック教会の宣教師も次々と渡来し、この地域にキリスト教信仰を根づかせた。

十九世紀になって、ミクロネシアは欧米列強の分捕り合戦の対象になる。一八八五年にマーシャル諸島を保護領にしたドイツは、ヤップ島にも軍艦を送り、パラオ、トラック、ポナペなど全カロリン諸島の領有を宣言した。これに対し、スペインがローマ法王に仲介を申し出た結果、「カロリン諸島はスペインが統治する。ただし、ドイツには諸島内の通商の自由が与えられる」との仲裁が行われた。

一八九八年に米国とスペインの間に戦争（米西戦争）が起こり、敗れたスペインは同年十二月のパリ講和条約で、グアム島をフィリピンやプエルト・リコとともに、米国に二千万ドルで譲渡した。以来、同島は、太平洋戦争中の二年半余りにわたる日本軍政時代を除き、今日にいたるまで米国領土である。

一方、ドイツは一八九九年に二千五百万ペスタで、スペインからカロリン諸島と、グアム島を除くマリアナ諸島を買収した。

一九一四年七月、第一次世界大戦が勃発すると、日本はドイツ領のミクロネシアを無血占領する。第一次大戦は、ドイツ、オーストリアなどの独墺側と、英仏露米などの連合国側の戦いとなったが、英国と同盟関係にあった日本は同年八月、ドイツに宣戦を布告し、ドイツの租借地だった中国・山東半島を攻撃して青島《チンタオ》をおとしいれた。さらに同年九月には、ドイツの東洋艦隊を駆逐してドイツ領南洋諸島の北半を占領した。

大戦がドイツ側の敗北で終わった後、一九一九年に創設された国際連盟の決定で旧ドイツ領は委任統治領とされ、日本は赤道以北の旧ドイツ領ミクロネシアの委任統治国になった。日本は二二年に南洋庁を設けたうえ、各島に支庁を置いて統治した。その後、日本人移民が多数、南洋群島に渡り、サトウキビ栽培を中心とする農業や漁業に従事した。

一九四一年十二月八日の日本軍のマレー半島コタバル海岸上陸とそれに続くハワイ・真珠湾攻撃で始まる太平洋戦争中、ミクロネシアはほぼ全域が日米の激戦場になった。サイパン島やパラオ諸島のペリリュー島など、日本軍が「玉砕《ぎょくさい》」(「全滅」のことを当時はこう呼んだ)した島も少なくない。四五年八月十五日の日本の降伏後、旧南洋群島は米国を受任国とする国際連合の信託統治領となった。

その後、ミクロネシアは信託統治終了後の政治的地位を自分たちで選ぶことになる。サイパン島、テニアン島などの北マリアナ諸島は七五年六月に住民投票を実施し、コモンウエルス（内政自治権を持つ米国領土）の道を選択した。その後、憲法を定め、八六年十一月にコモンウエルスに移行した。

グアム島を含むマリアナ諸島の住民は、比較的色白のチャモロ族が中心である。より色黒で体格の大柄なカロリン人（カナカ族）が支配的な他のミクロネシアとは民族的に異なることも、独自の政治的地位を選択した一因といえるだろう。

マリアナ諸島を除くミクロネシアは、七八年七月に実施されたミクロネシア憲法をめぐる住民投票で分裂する。パラオ、ヤップ、トラック（チューク）、ポナペ（ポンペイ）、コラスエ、マーシャルの代表はこの年の四月、ハワイで「自由連合盟約」の骨子とも言える「ヒロ協定」に同意し、米政府との間で調印した。

その骨子は、①ミクロネシアは内政と米国の安全保障上の権限と矛盾しない限りの外交を行う権限を持つ、②米国は必要な軍事施設を建設し、適宜使用する権利を持ち、ミクロネシアの安全保障と防衛の全権に全責任を持つ、③自由連合盟約とミクロネシアの憲法は矛盾してはならない――などである。

住民投票の結果は、ヤップ、トラック、ポナペ、コスラエの四地区が草案を採択したが、マーシャルとパラオは否決した。このため、草案を採択した四地区が「ミクロネシア連邦」を形成し、八六年十一月に米国との自由連合に移行した。

一方、マーシャルは七九年五月に独自の憲法を制定し、八二年十二月に米国と自由連合盟約を締結。八六年十月に盟約が発効し、独立国である自由連合に移行した。

世界最後の国連信託統治領として残ったのがパラオである。パラオは八一年に核の持ち込みなどを禁じる非核条項のある憲法を公布。翌年、米国と自由連合盟約を締結したが、「非核憲法」との矛盾から、住民投票による自由連合盟約の承認は九三年十一月まで持ち越された。パラオは盟約発効で、九四年十月一日に独立した。

こうしてミクロネシアは、米国の海外領土のグアム、コモンウエルスの北マリアナ諸島、自由連合のミクロネシア連邦、マーシャル諸島共和国、パラオ共和国の三つの政治的地位が混在する地域になった。

私はこのうち、日本とつながりの深いグアム、サイパン、テニアンの各島とマーシャル、パラオの諸島を歩いた。本書では、観光ガイドブックがほとんど伝えない島の歴史や現在これらの島が抱える問題を中心にレポートする。

もくじ

II サイパン島

III テニアン島

装丁＝商業デザインセンター・松田　珠恵

I　グアム島

アサンにある日本軍の洞くつ跡

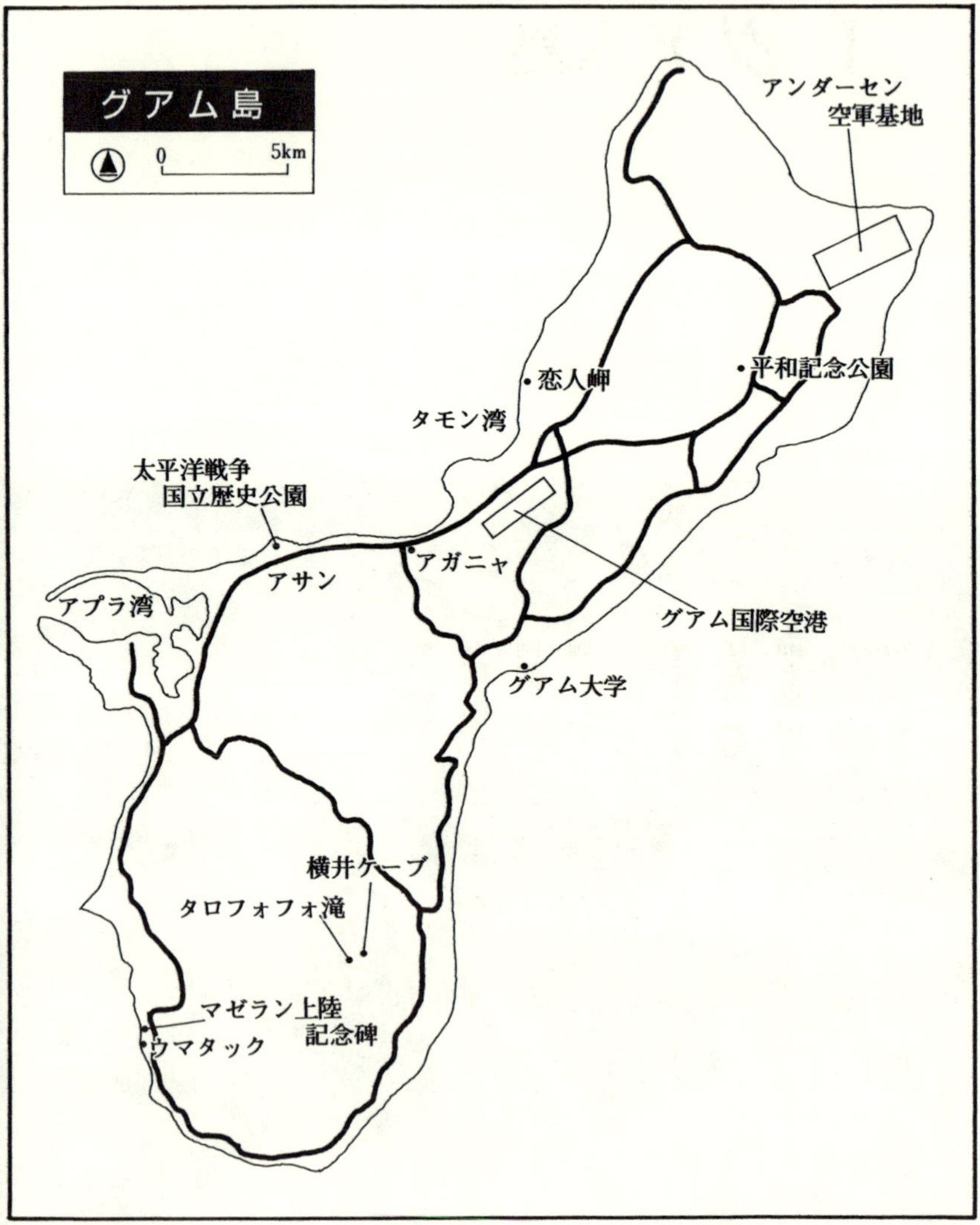

グアム島
0
5km
アンダーセン
空軍基地
平和記念公園
恋人岬
タモン湾
太平洋戦争
国立歴史公園
アガニャ
アサン
アプラ湾
グアム国際空港
グアム大学
横井ケーブ
タロフォフォ滝
マゼラン上陸
記念碑
ウマタック

1　「歴史」をあるく

✷日本に一番近い「アメリカ」

グアム島は、日本に最も近い「アメリカ」である。関西国際空港からわずかに三時間半でグアム島中部のアントニオ・B・ウォンパット・グアム国際空港に到着する。

到着ロビーから入国管理ロビーまでの通路は、両側、白い内装で、清潔感があふれる。壁面には、南海の海底、南洋の女性などを描いた絵画が飾られている。読売巨人軍のグアムキャンプ記念の写真パネルも張られている。

「さあ、アメリカ気分を味わおう」と思いきや、空港の管内放送が日本語で始まった。続いて中国語でも行われた。入国管理ロビーは、日本人旅行者であふれ返っていた。若いカップル、家族づれ、団体客、お年寄りなど、実にさまざまな年齢と階層の日本人で、立すいの余地もないほどである。

グアム政府観光局によると、二〇〇〇年にこの島を訪れた旅行者は百二十八万八千人だが、このうち八割強の百四万八千八百人余りが日本人だった。

日本人にとって、グアムの魅力は、その近さと安さにある。パッケージツアーだと、二泊三日、宿泊料込みで一人四万円台からある。東京や大阪から北海道や沖縄を旅行するよりも安いぐらいだ。近場だから、週末の休みを利用しても旅行できる。社員旅行の宿泊先としても、よく利用されている。

結局、入管を通過するのに一時間以上を要した。アメリカン・トロピカル・アイランド、グアムの人気の高さを思い知らされる。

✷アガニャの史跡を見てまわる

グアムの首都アガニャには、スペイン統治時代を中心に史跡が集中してある。私はレンタカーを運転しながら、一つ一つ見てまわった。

まず、グアム知事執務室の裏手にあるグアム博物館。海に突き出したアデラップ岬にあり、遠浅の海が見渡せる。博物館の中には、裸体で暮らしていたころのチャモロ人や、グアム島を「発見」したフェルディナンド・マゼランの肖像画、グアム島に生息する大トカゲ、海がめ、貝などの標本、スペイン統治時代のメキシコとフィリピン間のガレオン貿易で扱われた金属用品、チャモロ人がグアム島に渡ったときのイカダの模型が展示されている。

さらに、太平洋戦争が終わった後も二十八年間、洞穴に潜んでいた元日本兵、横井庄一の救出時の写真や、ヤシの樹皮でつくられた衣服なども展示されている。博物館の建物は小さく、二十分から三十分もあれば見て歩ける。

アガニャの一号線と四号線が交差する道路沿いには、大酋長キプハの銅像が立っている。像は高さ三メートルぐらい。大酋長はふんどし一枚で筋骨隆々、遠方を見据える鋭い目つき。銅像の下には、大酋長の生前の功績を記したと見られる英語の碑文があるが、建立から二十年以上が経過し、風雨にさらされて、残念ながら字はほとんど読みとれない。

グアム博物館内に展示されている
横井庄一元伍長の衣服と肖像画

キプハは十七世紀にグアムのチャモロ民族統一の偉業を成し遂げたと言われている。また、グアムでキリスト教を最初に布教したパドレ・ディエゴ・ルイス・デサン・ビトレス神父を厚遇し、最初に洗礼を受けた酋長

筋骨たくましいキプア大酋長の銅像

でもある。一六六九年に亡くなったが、彼の遺体は、自分が寄付した土地に建てられた教会（ドゥルス・ノンブレ・デ・マリア）の隣地に埋葬された。

この像の隣には「チャモロ文化村」がある。文化村といっても、木製品、貝殻細工、絵画などのみやげ物店が軒を連ねているだけ。レストランもあって、「チャモロフード」を注文するが、出てきたのは、ソーセージとたまねぎのケチャップ煮、牛肉とそら豆の煮込みだった。チャモロ人が昔、島にいなかった牛の肉やソーセージを食べていたはずはない。

文化村の一角にも小博物館があるが、チャモロ族のカヌーの模型、家屋の模型などを展示している程度で、そう見物には値しない。

このすぐ近くに、読売巨人軍の春季キャンプ場にもなるパセオ球場がある。その北方の岬には、「自由の女神像」のレプリカがある。高さ一・五メートルほどの小さなもので、一九五〇年にアメ

スペイン統治時代のなごりであるサン・アントニオ橋

リカのボーイスカウトが寄贈したものである。

キプハ像の近くの道路沿いには、スペイン統治時代の一八〇〇年代にマニュエル・ムロ提督が建造したアガニャ川に架けた石橋「アン・アントニオ橋」がある。川はかつて女性の洗濯や子どもの水遊び場だったというが、今は川は涸《か》れて水たまり程度しかない。ただ石橋は、太平洋戦争中の猛爆にも耐えて、百五十年以上もその姿をとどめているのが貴重である。

アガニャにはこのほか、ラッテ・ストーン公園、スペイン総督邸跡、マリア大聖堂、ヨハネ・パウロ二世像などもある。この像が立つスペイン広場では、一九八一年にパウロ二世がグアムを訪れた際、二万人が参加して大規模なミサが行われた。

古代チャモロの石像が立つラッテ・ストーン

ラッテ・ストーン公園内にある日本軍の防空壕跡

公園には、日本軍の防空壕跡もある。この周辺にはかつて日本軍の洞窟要塞が多数あった。洞窟によっては、中に井戸まで掘られていたり、多くの通信機器が配備されていたところもあったという。

これらの史跡をまわっていて、日本人観光客グループと行き会ったのはラッテ・ストーン公園だけだった。グアム観光の中心は、スイミングやゴルフやショッピング。史跡めぐりは、はやっていない。

✳殉教者、サン・ビトレス神父記念像

名所旧跡をいくつか見てまわった私の印象では、行政当局がグアムの歴史スポットの紹介にあまり力を入れていないように思えた。

一例を挙げよう。タモン湾岸のツーリストベルトにある高層のグアム・リーフ・ホテルの裏側には、パドレ・ディエゴ・ルイス・デ・サン・ビトレス神父の記

念像がある。サン・ビトレス神父は一六六八年、マリアナ諸島で最初のキリスト教伝道の拠点をグアム島に築いた。アガニャに教会を建て、キリスト教の伝道に献身した。しかし、一六七二年四月二日、マタパン酋長の反対を押して彼の病気の赤ん坊に洗礼を施《ほどこ》そうとして、酋長の怒りをかい、いま記念像が立っている場所でマタパン、ヒラオ両酋長に殺害されて殉教した。

記念碑には、両手を合わせて拝む母親の前で赤ん坊の洗礼を施すサン・ビトレス神父に、背後から武器を手に襲いかかる両酋長の姿が表現されている。しかし、英語の碑にも日本語の説明板にも、「殉教」とは書いてあっても、殺害の経過が詳しく書かれていない。日本語の説明文では「原住民の反逆に遭い」と記されているだけで、これでは四人の像の意味がよくわからない。

グアム・リーフ・ホテルの従業員に尋ねても、この像が誰を記念したものか全く知らなかった。それほど、地元でもこの記

グアム・リーフ・ホテルの裏側にあるサン・ビトレス神父記念碑

念像は知名度が低い。

いまはグアム先住のチャモロ人の九割以上がキリスト教徒であることを考えると、布教開始当初はキリスト教が自分たちの習慣や伝統を変えることに我慢ならない住民が宣教師に反逆したことは歴史上重要である。グアムをより深く知るためにも、こうした歴史スポットはもっと整備されていい。

✷マゼランの「侵略」

ここで、グアム島の近世の歴史を振り返っておこう。

グアム島ではもともとチャモロ族が長い間、漁業や農耕の自給自足の生活を営んでいた。同島に人が住み始めたのは、紀元前千五百年より前とされている。

その平和な島を西洋世界にひきずりこみ、転機をつくったのは、世界一周航海を果たしたフェルディナンド・マゼランである。スペインの王チャールズ一世の命を受けて、この大冒険に乗り出したポルトガル人のマゼランの一行は、グアム島を「発見」。「コンセプション」「ビクトリア」「トリニダード」という三隻の船で、一五二一年三月六日、グアム島南西部のウマタック村に到着したとされている。

マゼランの一行は、水や食料が欠乏し、島民たちから果物、水などの提供を受けた。当時のチャモロ社会は財産の共有観念が強く、一行の船に乗り込んだ島民の中には、船から小型ボートを持ち出した者もいた。これが、マゼランの激昂《げきこう》を買った。四十人の武装兵を引き連れて上陸し、四十から五十の小屋を焼き払い、数隻のカヌーを破壊したうえ、村民七人を殺害した。船に戻ったマゼランは、グアムなどのマリアナ諸島を「泥棒諸島」と命名して出帆《しゅっぱん》した。

　ウマタック村にはいま、マゼラン上陸の記念碑が建っている。村では、毎年三月六日の「発見日」に記念祭が行われている。マゼランの一行が住民殺害や放火をした史実を再現するもので、マゼランの侵略性と暴力性を強調している。

グアム博物館内に展示されている
マゼランの肖像画

　こうした再現式は、マゼランが一五二一年四月二十七日に寄港先で殺害されたフィリピン中部のマクタン島でも、毎年四月二十七日に「マクタンの戦い」として催されている。その後、グアムは、メキシコ・アカプルコとフィリピン・マニラ間を往

ウマタック湾岸に建つマゼラン上陸記念碑

来するガレオン船の中継地として利用されるようになった。

一六六八年六月、前述のスペイン人宣教師、サン・ビトレス神父がメキシコから来島し、初めてカトリックの布教活動に励み出した。

サン・ビトレス神父は当初、アガニャのキプア大酋長の全面的支援を得て、順調に布教活動に励み、最初の一年間に一万三千人も洗礼を施した。彼はこの地に、宣教団のスポンサーだったマリアナ母后の名前を冠して「マリアナ諸島」と命名、マゼランが名づけた「泥棒諸島」の汚名をぬぐった。

しかしその神父が、前に述べたようにスペイン軍が反抗的な島民を殺害する事件も起きる中で二人の酋長に殺害された。そしてこの事件が、一六九五年まで二十年余り続く「スペイン・チャモロ戦争」の導火線となる。

サン・ビトレス神父殺害の一カ月後、スペイン軍は首謀者の村で彼らの家屋を焼き払って、アガニャに引き揚げようとした。しかし、海岸沿いに帰る途中、カヌーに乗ったチャモロ族の一団に奇襲され、スペイン軍は逃げるようにアガニャにたどりつく。しかし、このあと、スペイン軍は報復。多くの村を焼き、大勢のチャモロ男性を殺害した。

チャモロ側も政府の建物やカトリック教会を焼くなどして、抵抗を続けた。九五年にスペインのキロゴ司令官はロタ島を攻撃、武器で圧倒的に勝るスペイン軍の勝利で「スペイン・チャモロ戦争」は幕を閉じる。

この間、はしか、天然痘など、西洋人が持ち込んだ病気が住民の間に蔓延《まんえん》し、戦死者とも相まって、グアムなどマリアナ諸島一帯のチャモロ人の人口が激減する。サン・ビトレス神父が四万人以上と推定したグアムの人口は、三千人台になった。このため、カヌーやラッテ・ストーンの建造、航海術など、チャモロ男性が伝承していた技術の多くが消滅したといわれる。

チャモロの女性たちはスペイン兵、メキシコ兵、フィリピン兵などとの結婚を余儀なくされたが、その子どもが奴隷のように扱われるのを恐れ、妊娠を嫌ったという。チャモロの人口は一七二六年には千人以下にまで激減した、とする文献もある。

✷「チャモロの時代」の終わり

地元の歴史家、ペドロ・サンチェスは著書『グアハン・グアム——我々の島の歴史』の中で

グアムの歴史について語るトニー・ラミレズ

「スペインの勝利で、三千～四千年におよぶチャモロの時代は終わった」と記している。

一八九八年四月勃発の米西戦争でスペインは破れ、米国はスペインに二千万ドルを支払う見返りに、グアムをフィリピン、プエルト・リコとともに領有し、キューバを保護領にした。以来、グアムは、日本軍が占領する一九四一年十二月まで米国領だった。

こうした「祖国」の歴史を、地元住民はどう見ているのか。グアムの歴史などを記した『Guide to Guam U.S.A.』の著書があり、観光ガイドに島の歴史を教えているトニー・ラミレズ（四九）に話を聞いた。

彼はまず、マゼランについて「マゼランはマリアナに『到着』したのであって、『発見』したのではない。発見したのはわれわれの祖先である。マゼランは『泥棒諸島』と名付けたが、それは正しくない。住民はボートを盗んだのではない。ものを交換したがっただけだ。マゼランは私たちを必要としたが、私たちはマゼランを必要としていなかった」と言った。

マゼランはグアム住民にとって「侵略者」だったか、との私の質問に、彼は「イエス」と答えた。ただ、「約五百年も前に世界をつなげ、グローバリゼーションを実現した」との評価を与えることは忘れなかった。

私は、タモン地区のホテルでのパーティー会場で、アンソニー・アプロン大司教と同席する機会を得た。大司教は、「グアム住民の九九％はキリスト教徒で、そのうち八五％はローマ・カトリックである。チャモロのキリスト教信仰は大変強い」と言った。カトリック布教のうえで、サン・ビトレス神父が果たした役割の大きさについても肯定した。

そのサン・ビトレス神父の殺害を、住民はいまどう評価しているのか。トニー・ラミレズは「地元住民は悔いてはいない」と言った。なぜならば、「カトリックは、チャモロ文化の変更を要求した。また、ビトレス神父は、父親の酋長の意思に反して、その赤ん坊に洗礼を施そうとしたからである。

といって、ラミレズはスペイン植民統治を否定もしない。「私たちはスペインの遺産を誇りに思っている。私たちの姓名はスペイン名だし、カトリックや祝賀行事のフィエスタなど多くのものを受け継いでいる」と言った。

また、アメリカ統治については「自由の尊さを教え、出身階級にこだわらずに社会進出を目指せるようにした」と評価。日本統治については「いい経営者である。人々にいかに規律を持たせるかを知っている」と、これも一定の評価を与えた。

ラミレズのグアム外国支配の評価は全般に寛容すぎるように思うが、「私はチャモロ人のほか、スペイン人、中国人、メキシコ人の血を引き継いでいる」という彼の話を聞いて納得できる気がした。

純血のチャモロ人は、もはやグアム島にはいないと言われる。「チャモロの時代は終わった」というペドロ・サンチェスの指摘が、ラミレズの話を聞きながら改めて想起されるのだった。

2 今も残る太平洋戦争の跡

✷戦死した日本兵は一万八千人

グアム島の歴史を語るとき、太平洋戦争中にそこで起きた出来事を欠かすことはできない。

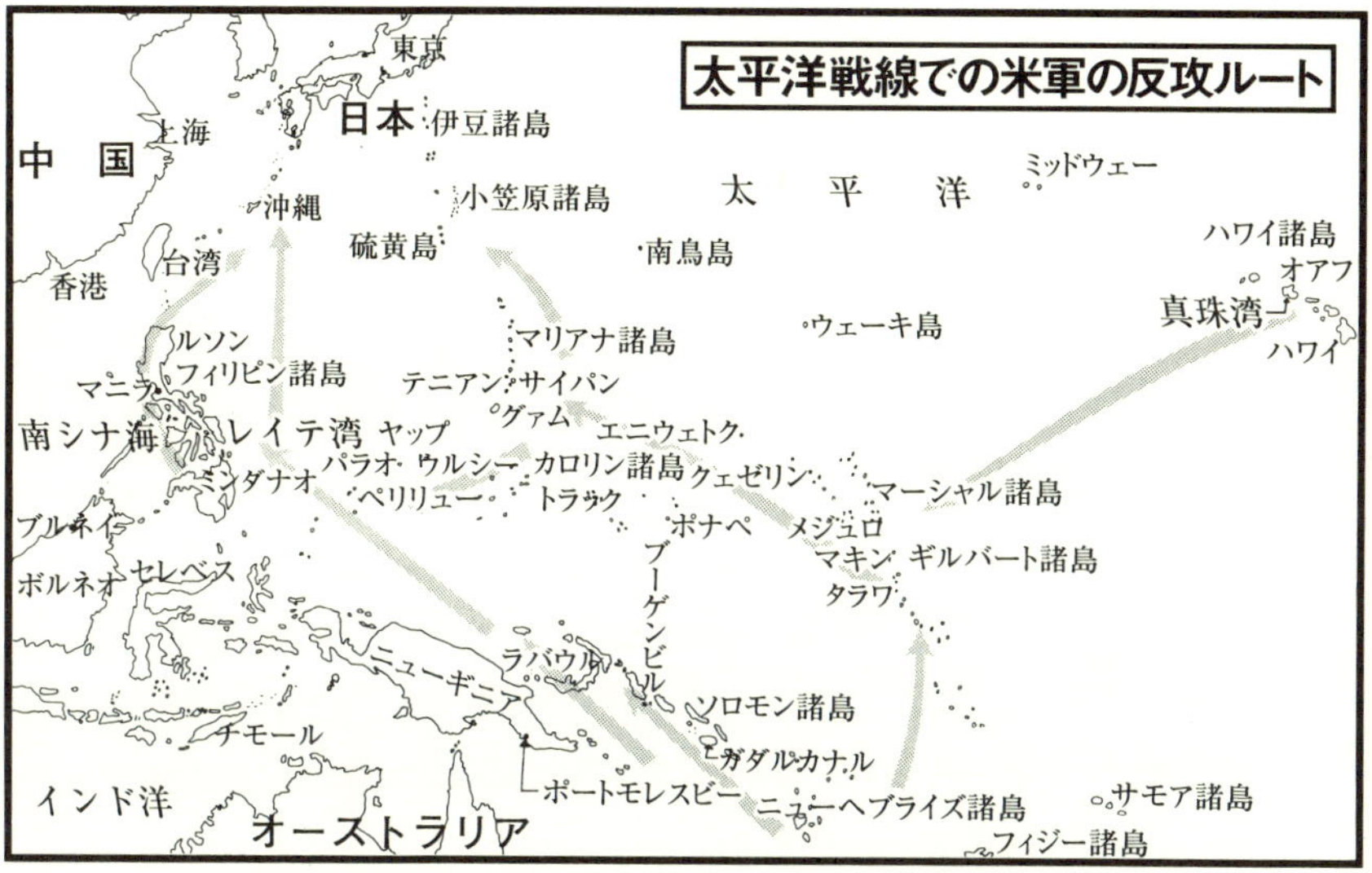

『沖縄修学旅行』（高文研刊）より。地名は太平洋戦争当時のもの

太平洋戦争は、一九四一年十二月八日、英国支配下にあったマレー半島コタバル海岸に日本の陸軍が上陸、海軍はハワイ真珠湾の米太平洋艦隊基地に奇襲攻撃をかけて戦端を開いた。以来、日本軍は破竹《はちく》の勢いで東南アジアや太平洋の諸島に進軍した。

南洋群島の中で唯一の米領だったグアム島は、開戦翌日の十二月九日深夜に日本の航空部隊が攻撃を加え、十日未明に上陸を決行して制圧、知事だったマクミラン米海軍大佐以下の米兵を捕虜にした。

日本はグアム島を「大宮島」と名づけ、島内の地名も日本語名に改称した。日本軍占領当時、同島在住の邦人は三十七人にすぎなかったが、国策会社の南洋興発が多数の従業員とその家族を送り込み、約二年後の四四年初めには日本の民間人は四百五十人余りを数えた。

米軍の反撃は、四二年六月のミッドウェー海戦から始まる。翌年、米軍はガダルカナル島に上陸。赤道直下のギルバート諸島マキン、タラウ両島の戦いでも日本軍守備隊を撃破し、さらにマーシャル諸島、ポナペ島などに進撃を続けた。

四四年六月十五日、米軍はサイパン島への上陸を果たし、同島の日本軍守備隊は七月七日に「玉砕」した。同月二十一日、米軍はグアム島西岸のアサン、アガット両海岸から敵前上陸を開始する。以来、同島では八月十一日まで日米の激しい戦闘が続いた。この間、約一万八千人の日本兵が戦闘や自決で命を絶った、と言われている。米国は二年八カ月ぶりに領土を奪回した。米軍はこのあと、すでに支配下に置いていたサイパン、テニアン両島からと同様、グアム島からも爆撃機B-29を発進し、日本本土の爆撃を開始する。

グアム島では米軍の制圧後も、日本兵の一部はジャングルに逃げ込み、戦争が終わった後の四五年九月になってもゲリラ戦を続けた。生き残って日本に帰国できた兵士は数えるほどである。

✷ジーゴの日本人戦没者慰霊塔

大勢の日本人戦没者をまつっている場所が、グアム島に一カ所だけある。北部のジーゴにある平和記念公園である。ここは、日本軍の中部太平洋方面軍司令官の小畑英良・陸軍中将が自決した場所としても知られている。

公園には、太平洋戦域で亡くなったすべての戦没者を慰霊し、世界平和を祈念して一九七〇年五月に建てられた真っ白な慰霊塔が立っている。高さは十五メートルほど。合掌の意味を込めて、「人」の字型につくられている。地下は納骨堂になっている。

厚生省の認可団体「南太平洋戦没者慰霊協会」が建立したが、碑文には「この建設費と管理費等は、すべて日本全国の篤志家から寄せられた貴重な浄財でまかなわれております」と書かれている。

平和記念公園内の戦没者慰霊塔

慰霊塔の向かって左側には、部隊ごとに多数の慰霊碑が建てられている。「第五二一海軍航空隊鵬部隊」「独立自動車第二六五中隊」など。元内閣総理大臣、吉田茂の筆による「戦没日本人の碑」という日本政府の石碑も、慰霊塔のそばに設けられている。
公園の入口付近には、「我無山

「我無山平和寺」内に展示される旧日本軍戦没者の遺留品

平和寺」という寺院がある。中の祭壇には、黄金色の仏様がまつられている。入口近くの棚には、さびついたヘルメット、缶詰の空き缶、水筒、茶わんなど、亡くなった兵士の所持品が展示されている。この近くの司令壕の中で自決した小畑英良・陸軍中将と、マンガン山で戦死したマリアナ地区集団長で第二十九師団長の高品彪・陸軍中将の遺影も飾られている。

「戦争は悲惨です　二度と起こさないことを誓願しましょう」

「英霊が栄光を賭けて得た尊い平和に感謝を捧げましょう」

「身にあびる　歓呼の中に母ひとり　旗をもふらず　涙ぬぐい居り」

こんな呼びかけ文や俳句が壁に掲げられている。

地元の観光ガイドによると、この公園を訪れるのは、一九八〇年代ごろまでは日本の慰霊団ぐらいだった。その存在さえ知らずに帰国する日本人観光客も多いという。グアムは今は平和な南海のリゾートだが、かつて多数の犠牲者を生んだ日米の激戦地だったことを思い知るには、ここは欠かせないスポットである。

✴日本兵が潜んだアサンの洞窟

米海兵隊が上陸したグアム島中西部のアサン地区には、日本軍が米軍の上陸攻撃を予想してつくった多数の洞穴がある。海岸辺りを中心に今も洞窟がそのまま残っている。足場が悪いところも多いので、一般の立ち入りが禁止されている洞窟やトンネルもある。

「アサン・リッジの要塞の一部」である洞窟には、英語と日本語両方の説明板が備えられていた。そこには、こう書かれている。

「予想された米軍の上陸に備え、日本軍はチャモロの人々や朝鮮人の強制労働者を使い、数百の穴を採掘した」

「同様にしてグアム島のいたるところの丘や尾根には蜂の巣状の穴やトンネルが掘られた。戦闘員や爆撃の数の上は圧倒的に優勢な米軍に対抗して日本軍ができる最善の防衛は地下に要塞を築くことであった。米軍が海岸の橋頭《きょうとう》ほを確保した後、日本軍の闘いは主に潜伏することであり、

戦時中の写真パネルなどが展示される太平洋戦争博物館

米軍の闘いは日本軍を捜すことであった」

また、日本軍にトンネル掘りを強要されたという住民の「私達に渡されたのはただツルハシとシャベルだけだった」という証言も、説明文に付け加えられている。

グアム島に配備された日本軍守備隊約一万九千人に対し、グアム攻略に参加した米兵は約五万三千人。兵力、武器の両方で圧倒的に勝る米軍は、短期間で日本軍を鎮圧し、あとは洞穴などに隠れる日本の敗残兵捜しにやっきになったことがわかる。

太平洋戦争中の島の様子が一番よくわかる場所は、やはりアサン地区にある太平洋戦争国立歴史公園だろう。この一角にある太平洋戦争博物館には、戦争中の世界と太平洋地域での出来事がパネル写真で示され、日本を代表する戦艦「大和」や、

戦争中の犠牲者や強制収容者の名前が刻まれたニミッツ・ヒルの銅板

日本の降伏文書が調印された米戦艦「ミズーリ」などの模型もある。日本で戦車兵などを募集したときのポスターも展示されている。

元米海兵隊員の回想談から始まるグアム戦の映画を上映する部屋もある。日本人入場者も多いため、英語だけでなく、日本語の吹き替えもある。この映画の内容については、あとで触れる。

✷「解放者・米国」を描くレリーフ

アサンから車で十五分ほど走った内陸部には「ニミッツ・ヒル」という高台がある。太平洋戦争中、連合軍太平洋艦隊司令長官だったチェスター・ニミッツにちなんでの呼称である。米兵の兵舎が多い所だが、この一角に戦時中に亡くなったアメリカ人や住民の名前を刻んだ記念

左から「攻撃」「占領」「解放」が描かれるニミッツ・ヒルのレリーフ

の銅版がある。アメリカ人は三百四十六人。チャモロ人は八百八十人。ここには、日本軍が設けた強制収容所に入れられた住民約二万人の名前も刻まれている。

この場所には、銅版の三枚のレリーフがある。「攻撃」と書かれたレリーフは、銃剣を手にした日本兵に追われ、逃れる母子などが描かれる。「占領」のレリーフは、やはり銃剣を手にした日本兵に監視され、スコップなどを手に労働を強制される男性住民。最後の「解放」では、米兵が上陸して手を挙げて喜ぶ男女の姿が描かれている。

グアムと似たような歴史を持つフィリピンでは、太平洋戦争中、上陸して日本軍を降伏させた米軍を「解放者」とする史観が根強い一方で、その後の米国の現地での権益確保などから、「米国の再占領」という歴史家の議論もある。グアムの民族主義的なチャモロ人の間にも一部ある議論だが、ここでは「解放者・米国」に異論を唱える住民は圧倒的少数派であることが、このレリーフにも反映されている。

＊日本軍に殺されたチャモロ人は「七百人以上」

日本が戦時中、「大東亜共栄圏」の名のもとに支配下に置いたアジア太平洋の各地では、戦後半世紀あまりを経たいまも、元「従軍慰安婦」はじめ、戦後補償を日本政府に求める動きが続いている。グアム島にも、日本軍の住民虐殺や強制労働などに対する補償や謝罪を求める動きがある。太平洋戦争中の日本のグアム島占領政策は、当初は穏健なものだった。しかし、日本の敗色が濃くなると、「開墾隊」として島民を組織し、日本軍のための食糧を調達させたり、非協力的な島民に対する拷問などの残虐行為が行われた。

このあたりについては、アサンの太平洋戦争博物館を訪ねると、理解が得られる。ここには戦時下のグアムについて、英語と日本語で記録映画が上映されている。

この映画では、日本占領時代、住民がわずかな食料で重労働を強制されたり、英会話の禁止、ラジオの所有禁止など多くの規制が設けられ、ラジオの所有を疑われた者の中には拷問を受けたり、殺された者もいたと説明されている。米海軍のジョージ・ツイト通信士が密林に潜んで追跡から逃れた際には、日本軍が大勢の人を拷問にかけたり、殺害したりした。ドーナス神父らもツイトを隠した容疑で拷問にかけられ、米軍上陸数日前に打ち首にされた、と説明されている。

米軍のグアム島上陸前には、大半のチャモロ人が島の中部と南部につくった強制収容所に連行され、収容された。ここには十分な食べ物も衛生施設もなく、生活は悲惨なものだった。米軍の爆撃機を見上げることも禁止され、それをやると斬首された、と映画では説明される。

二年半余りにわたる日本占領中、七百人以上にのぼるチャモロ人が日本軍に殺された、と映画のナレーションは続く。この「七百人」という犠牲者の数字は、グアムの歴史研究者の間ではほぼ定着しているようだ。

グアム島のジャングルに二十八年間、潜んでいた日本兵の横井庄一が現地で発見され、帰国したときのドキュメント『最後の一兵——グアム島取材記者団の全記録』（毎日新聞社編）には、グアム島南部の村メリッソのカトリック教会の壁に「日本軍に暴行され、銃剣で刺殺された四十八人の女性の名前が刻まれている」というくだりがある。

在アガニャ日本総領事館の幹部から、「島南部のフェナという地区で、日本軍の拠点に兵糧を運ばせられた住民が、密告を恐れる日本兵に何人か殺害されたらしい」という話を、私も耳にした。

太平洋戦争写真史『グアムの戦い』（平塚柾緒編著、月刊沖縄社）にも、住民虐殺を証言する日本兵の話が紹介されている。吉田重紀軍医中尉は「われわれが逃げているあいだ、怖かったのはなにも米軍だけではなかったんです。グアムの住民も敵でしたからね。なにしろ、日本軍が占領した当時（昭和16年12月）、ずいぶんひどいことをしていましたからねえ。住民を洞窟の中に百人くらい詰め込んで、軽機（軽機関銃）で皆殺しにしたりしたんですよ。ですから敗残兵になった日本兵に対する復讐心は大変なものでしたよ」と述べたという。

日本軍が住民を警戒して殺害までしたのは、彼らが親米で、通敵行為が頻発したからだ。米軍が上陸する直前、突如、ジャングルの中から狼煙が上がったり、山火事が起きたり、米潜水艦への連絡に使われたと見られるゴムボートが、海岸やヤシの木陰で発見されたこともあったという。

地元の歴史書にもほとんど記されていない、こうした日本軍の暴虐行為はグアム各地で起きたようだ。

＊日米両政府に戦時被害補償要求

アジア各地で戦争被害者が日本政府に個人補償要求を求める動きが盛り上がった一九九三年四月、グアム島でも戦争賠償委員会の設置を求める法案が地元の議会に提出された。提出者は、グアム議会政府運営・ミクロネシア問題委員会のテオドロ・ネルソン委員長（当時）。委員長によると、日本軍がグアム島に侵攻した一九四一年十二月以降、島民は土地、家屋などを略奪され、住民の意思を無視した恥辱や苦役を味わされた。しかし、日本からグアムを奪還した米政府は戦後、これらの戦争被害について免責したため、住民は今日にいたるまで日本政府から何らの謝罪も補償も受けていないとし、日米両政府に補償の支払いを求めた。

この議会の動きとは別に、チャモロ族の民族団体「チャモロ・ネーション」の指導者、エンジェル・サントスも、日本軍から虐殺、強制労働、強制収容などの被害を受けたというチャモロ人約一万人の補償の支払いを求める要望書を在アガニャ日本総領事館に提出した。戦争体験世代や遺族からの要請を受けての行動だ。補償額はこの要望書に記していないが、サントスは「われわれの推定では一億ドル以上」という。

日本政府はサントスに「一九五一年のサンフランシスコ条約で解決済み」と回答した。同条約には日米含め四十九カ国が署名し、対日講和が成立している。

しかし、サントスは「日本の侵略当時、チャモロ族は米国市民ではなかった。われわれの賠償請求権を放棄させる権利は米政府にはなかった」と反論している。

この賠償問題について、在アガニャ日本総領事館の村田哲巳首席領事に尋ねると、「三年前、アンダーウッド米連邦下院グアム代表から『賠償は米国に対して要求するもので、グアム政府は日本に対しては行わない』という話があった。これを境に要望書が届くことはなくなった」という答えが返ってきた。

グアムの戦争賠償委員会の要望に米政府はまだ応えていないが、拒否すれば、再び日本政府に要求が突きつけられないとも限らない。

3　横井庄一伍長が潜んだジャングル

✷敗残兵が「観光の看板」

グアム島の観光会社は島内をバスで視察するオプショナルツアーを実施している。このツアーの中に、グアム島のジャングルに二十八年間も潜み続けた横井庄一が住んでいた「横井ケーブ（洞穴）」などを見学するツアーがあり、私もそれに参加した。

横井ケーブは、グアム島の南東部、タロフォフォ湾から数キロメートル山奥に入ったタロフォフォ滝の近くにある。タロフォフォ湾から少し内陸に入った道路沿いには「タロフォフォ・ヨコイ・ホール」というみやげ物店兼休憩所がある。ここでは、ラッテ・ストーンの木製品などみやげ物を販売しているのだが、横井の似顔絵や隠れていた洞穴の断面図なども壁面に飾られている。ここでは、敗残兵が「観光の看板」である。

「この付近はスペイン統治時代はサトウキビ畑だったが、今では農業はすたれ、スイカ、トウモロコシ、トウガラシなどが栽培されている程度。それもそう多くはありません」

横井ケーブの近くにある３段になっているタロフォフォ滝

ツアーガイドの韓国系アメリカ人、ブルース・リーがそう説明する。

タロフォフォ滝は、タロフォフォ滝リゾート公園の一角にある。公園の入場ゲートは、洋風の瀟洒な造りで、米国、日本、韓国などの国旗がはためいている。

滝は、高台からケーブルカーに乗って二百メートルぐらい下っていった森の中にある。ケーブルカーはミクロネシアで最初のもので、四台運行している。乗り場では韓国歌謡が流れていた。従業員は韓国人のようだ。ケーブルカーは四人乗り。中にはクーラーもなく、蒸し暑いので、うちわが四つぶら下がっていた。

タロフォフォ滝は三段になっていて、タロフォフォ湾に注いでいる。一番大きな第一の滝は高さ十二メートル、幅二十八メートル。近くには吊り橋があって、その上から滝が一望できる。

✷チャモロ迫害の歴史を展示する博物館

横井が潜んでいた洞穴は「横井ケーブ」と呼ばれている。そこにいたる山道への入り口には、グアム歴史博物館がある。博物館といっても、一軒家ほどの小ぶりの建物である。中に入ってみた。グアム島のチャモロ人の歩んできた歴史がジオラマで表現されているのだが、ここではチャモロが植民勢力にいかに迫害されてきたか、ズバリ表現されている。例えば、一八九八年まで三百年以上にわたるスペイン統治時代のジオラマは、スペイン人にむちで打たれて背中が傷だらけのチャモロ人が描かれている。英語と日本語の説明文があるが、日本文では「グアムは文明的に大きく発展した反面、当

チャモロ人を奴隷扱いするスペイン人のジオラマ（グアム歴史博物館）

チャモロ人を強制労働させる日本兵のジオラマ（グアム歴史博物館）

時のチャモロの人々は、奴隷としての生活を余儀なくされた」と説明されている。

日本統治時代のジオラマも、ムチや銃を手に、チャモロ人を強制労働させる横暴な日本兵が描かれている。また、米軍に包囲され、滝の近くで日本刀で自決する日本兵のジオラマもある。

上半身裸で、帽子をかぶった「横井少佐」のジオラマもある。日本語の説明文には、こう書かれている。

「日本軍の敗戦後、ヨコイショウイチとナカガワは、13年間ジャングルに隠れながら一緒に生活を送った。

しかし、その後別々になり、ナカガワはジャングルの中で死んでしまった。一人残されたヨコイは、穴を掘って隠れ家を作り、魚や海老をはじめ、食べられそうなものを食料として暮らした。

そして、一九七二年四月、マニュエル・デグラシア氏と彼の甥ジェス氏、二人のローカル男性がジャングルへ狩りに出かけた際、ヨコイを見つけた。

同年ヨコイは無事日本に帰国し、28年間に及ぶジャングルでの生活に終止符を打った」

この記述には誤りが多い。まず横井は陸軍伍長だった。そして、横井が見つかる十数年前まで横井とともにジャングルに潜んでいたのは「ナカガワ」ではない。横井の生前の証言では、岐阜県出身の志知幹夫と広島県出身の中畠悟である。二人とも、横井とは別の洞穴に潜んでいて亡くなっている。

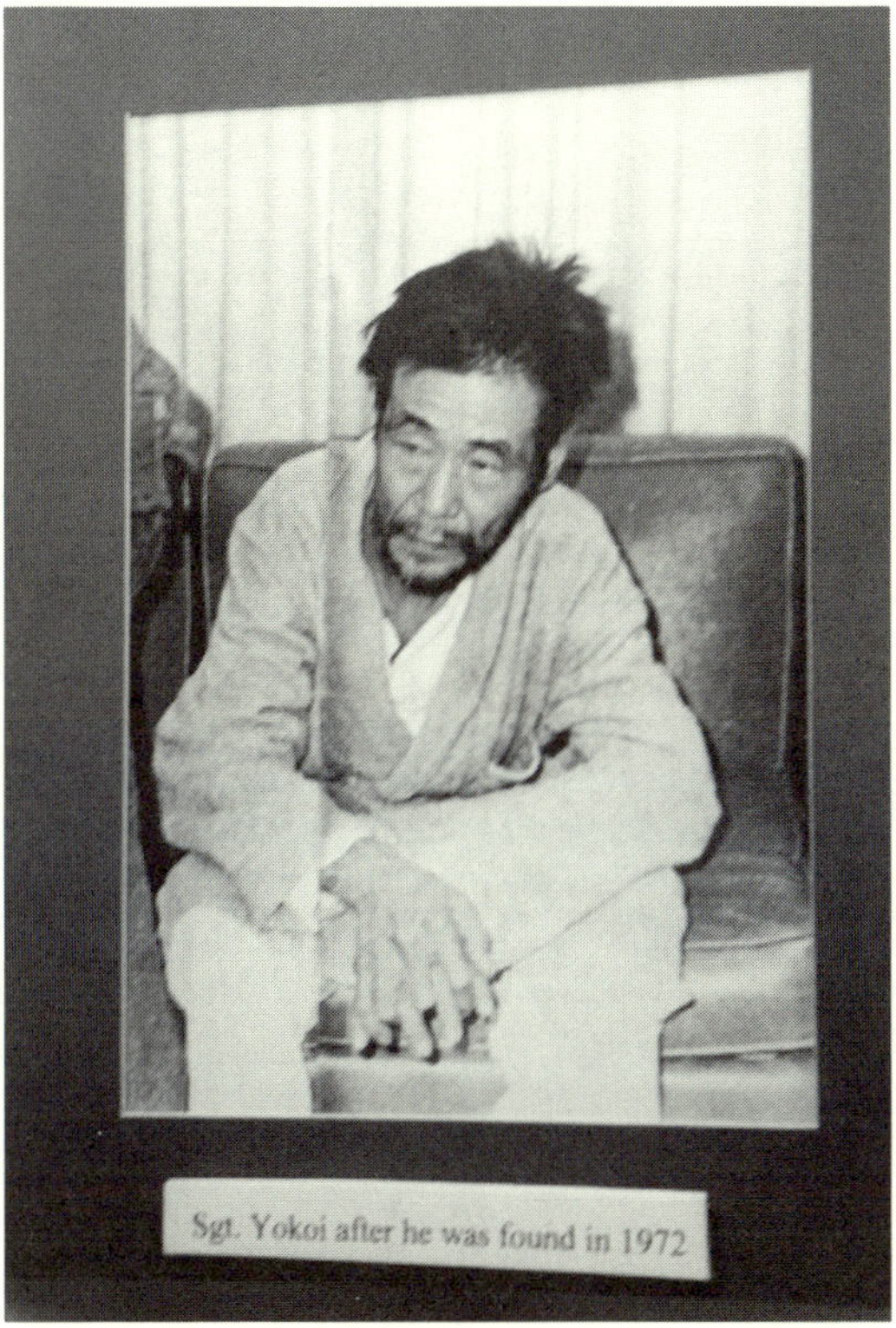

ジャングルから救出された直後の横井庄一元伍長
（グアム博物館内の展示写真より）

また、住民が横井伍長を発見して取り押さえたのは七二年一月二十四日だし、彼らの名前はマニュエル・グラシャスとジュースス・ジューナスと、当時のドキュメント『最後の一兵――グアム島取材記者団の全記録』（毎日新聞社編）には記されている。

✴十五年間暮らした「横井ケーブ」

横井伍長の潜んだ洞穴は、この歴史博物館から山道を歩いて十五分ぐらいの所にある。道はコンクリートで固められている。密生した竹林の一角に、「横井ケーブ」はあった。地面に直径一メートル弱の穴が開いていて、はしご段で中に下りていける。地下二メートルほどの所に高さ一メートル、長さ三メートルほどの横穴がつくられ、穴の床には竹が何本も敷かれている。こんな狭い空間では、立ち上がることもできない。同行した中年女性は「こんな湿気の多い所でよく……」と言葉をつまらせた。

この穴の断面図を描いた板が、竹の間に置かれていた。私はこの穴の写真をやぶの方から撮影しようとしたが、斜面で足を滑らせ転倒し、左手首を骨折した。

これほど苦労して取材した「横井ケーブ」だったが、この穴はレプリカであることがあとでわかった。本物の「横井ケーブ」は、タロフォフォ滝に近い別の密林地帯にあるが、すでに一部崩壊し、現地までたどり着くのも容易ではないので、地主が本物そっくりのレプリカを作って、観光客に見せている。後日、そんな話を、グアム政府観光局の元幹部から聞いた。

本物の「横井ケーブ」は発見されたとき、どういう状態だったのか。前出の『最後の一兵』には、横井伍長の発見直後、伍長が十五年間暮らした現場を訪れた記者の詳細な記述がある。

「タロフォフォ川の支流の、また支流が小さく、ゆっくりと流れている。その小川に向かって傾斜した、おそらく一五〇メートルはある竹林。その中央に、十五年間、住みついた横井さんの穴があった。

二、三〇本の密生した竹の根元に小さな穴の入口。五〇センチ四方ぐらいだろう。竹をスダレのように編んだフタが、かぶさっている。もし、この上に竹の皮や葉をのせれば、もう入口は、どこだかわからなくなってしまう。スダレは、専門の職人の手になったような製品。雨を避け、通風を考えたわけだ。

竹のはしごをおりる。狭くて押しつぶされそうな恐怖にとらわれる。十五年もなかで火を使っていたから、土の壁は、カマドの煙突

本物そっくりの「横井ケーブ」のレプリカ

のようにベットリと黒い。深さ二メートル。ひざをついて天井すれすれの高さだ。天井は、いっぱいに網のように竹が組まれている。棚なのか、それとも急に土がくずれ、下敷になるのを防ぐための知恵か。右側が掘り込んであり、二段の竹の棚。その下は物置。ヤシの実や、多分、火縄だろう、ヤシの皮をちぎって繊維にしてある。左側も同じような棚。その下の鍋は〝カマド〟の位置を示すのだろう。鍋にフェデリコの実が水に浸かっている。毒抜き中だったらしく、腐ったようなにおい」

「床は、フトンがわりか、白くかわいた竹の皮がいっぱいに敷きつめられてある。一枚々々が大学ノートぐらいもある。十五年間のベッド。

燃料用のヤシの実が、何十個も積んである。ハシゴの反対側がトイレ。竹を三本組み合わせ、その下がクソツボ。すべてが、きちんと整理されつくされている」

✴戦陣訓の狂気

横井伍長の生命力や器用さは、常人のものではない。しかし、彼は戦後、二十八年間もなぜグアムのジャングルに隠れ住み続けたのか。横井伍長関連展示のタロフォフォのグアム歴史博物館やアガニャのグアム博物館を訪れただけでは、戦後生まれの世代にはよく理解できないだろう。

横井は帰国後、空港に出迎えに来た斎藤厚生大臣（当時）に「何かのお役に立つと思って恥をしのんで帰ってきました」と述べた。その後の記者会見でも「恥ずかしながら生きながらえておりました」ということを言っている。敵軍に捕まることへの強烈な恥の感覚。それは、捕虜になることを戒める「戦陣訓《せんじんくん》」が徹底的に頭に焼きついていた証しである。

「恥を知る者は強し。常に郷党《きようとう》家門《かもん》の名誉を思い、いよいよ奮励《ふんれい》してその期待に応《こた》うべし。生きて虜囚《りよしゆう》の辱《はずかし》めを受けず。死して罪禍《ざいか》の汚名を残すことなかれ」

こうした日本の「戦陣訓」が、投降をいさぎよしとしない多数の日本兵をジャングルに潜ませたり、自決に追いやったことを、博物館の説明にぜひ付け加えて欲しいと思う。

戦後、グアムのジャングルに長年潜んだのは横井だけではない。戦後十五年目の一九六〇年、ジャングルに十六年潜んでいた皆川文蔵、伊藤正両軍曹が島民に捕まっている。

六四年八月には米国の通信社UPIが、地元住民の目撃談をもとに「グアムのジャングルに日本兵二人が生き残っている」というニュースを世界中に配信している。これをもとに、厚生省は翌月、皆川を含む日本兵調査団をグアム島に送り込んで、三週間、ジャングルで捜索にあたっている。結局、捜索は徒労に終わる。このときの捜索がより徹底していれば、横井伍長はそれから七年余りもジャングルの洞穴に潜む必要はなかったかもしれない。

✷グアムでは「英雄」

横井庄一はすでに亡くなったが、グアム住民は彼をどう見ているのか。グアム政府観光局の元局長、ノルベルト・ウンピンコ（六七）は「横井はここでは英雄であり、尊敬されている。自己を自然に適応させ、二十八年間もジャングルの中で生きのびた。彼は祖国を愛していた」という。タロフォフォ滝公園でもらった日本語のパンフレットにも、「英雄　横井ケーブ」と印刷されていた。

日本を再三訪れているウンピンコはその一方、「日本では英雄とは見なされていないようだ。英雄というより、好奇の目で見られている」と言った。

確かに、日本では、三十年近くジャングルで自給自足生活を営んだ横井の強靭な生命力を称える声はあっても、彼を「英雄」視する風潮はあまりなかったように思う。日本統治時代に日本語学校で教育を受け、日本語で「かしこまりました」という言葉がよく口をついて出るウンピンコの「横井英雄論」には、戦後世代として考えこまされた。

4　「植民地」からの脱却

✷「米国の最後の植民地」という怒り

グアム島は、観光ガイドブックやパンフレットでは、「米国の準州」という表現がよく使われている。本当は「米国の未編入領土」というのが正確な表現である。

一九九三年六月、グアム地方政府のジョセフ・アダ知事（当時）はクリントン米大統領（当時）宛てに、「われわれは、植民地主義者の政策や態度が終わりを告げるのを見てみたい」という刺激に満ちた書簡を送りつけている。

アダ知事の怒りは、グアムの現在の政治的地位に関連する。グアムは一八九八年の米西戦争で米国が勝利した結果、スペインから米国に譲渡され、属領になった。米国の領土なので、米国の市民権は保有するものの、ハワイ州などとは違って、大統領選挙の投票権はない。アメリカ議会は一九五〇年に「グアム基本法」を制定してグアム統治の基本にしているが、グアム情勢に詳しい沖縄の仲地清・名桜大学教授（米外交政策論）は「この政体は、復帰前のアメリカの沖縄統治とよく似ている」という。グアム住民が知事を公選で選んだあとに米国大統領が知事を任命するシステムで、大統領は公選知事を拒否する権利さえ持っているという。

また、グアム選出の米下院議員は「準議員格」で、連邦議会で議決に参加できない。アダ知事が「米国の最後の植民地」と自嘲するゆえんである。

＊難航する対米交渉

グアム地方政府はこの「米国の二級市民」の地位から決別しようと、米国の「未編入領土」から、サイパンなどの北マリアナ諸島と同じような「コモンウエルス（内政権を持つ自治領）」へと、より自治権を拡大した政治形態に変更する案を検討してきた。

グアム地方政府は、グアムの将来を論議するため、「グアム自決委員会」を組織。一九八二年一月にはグアムの政治的地位はいかにあるべきかを問う住民投票を実施している。その結果は、「コモンウエルス」が四九％、「米国の州」が二六％、「現状維持」が一〇％、「未編入領土」が五％、「自由連合」と「独立」がそれぞれ四％、「その他」が二％だった。この年十一月の最終住民投票でも、「コモンウエルス」が七三％で、「米国の州」の二七％を大きく引き離した。

コモンウエルスになれば、防衛や外交の権利は米国に委ねるが、自治や外国との貿易、出入国などの権利は確保することができる。グアム政府は一九八八年にコモンウエルスになるための草案を米連邦政府に提出している。その翌年の十二月、グアムのコモンウエルス法案に関する米連邦議会の公聴会で、アダ知事（当時）はグアムに自治権、自決権を早急に与えるよう要請したが、違憲条項などの修正が必要とする連邦側と、修正不要を主張するグアム側の意見は対立したまま終わった。

九二年二月にワシントンで開催されたグアム自決委員会と連邦政府関係機関との協議では、航空機の乗り入れ、貿易取り決め、二百カイリ経済水域問題などを中心に話し合ったが、実質的な進展はなかった。

この九二年までグアム政府は計十三回にわたって米連邦政府と交渉の場をもった。しかし、グアムの自治権拡大を望まないブッシュ政権（八九年〜九三年）とは「不合意で合意した」（レランド・ベティス・グアム自決委員会事務局長）という。

クリントン政権下でも、この問題で目だった進展はなかった。九七年十月にコモンウエルス法案に関する公聴会がワシントンで開かれたが、連邦政府側は、グアム側の主張には以下のような点が問題であると指摘した。

①コモンウエルス法改正に際しては、連邦政府とグアム政府双方の同意を必要とする。

②グアムの政治的地位について、先住のチャモロ人のみによる住民投票を実施する。

③移民および労働政策に関する管理を、連邦政府からグアム政府に移行する。

④連邦政府の法律やその他の規則については、連邦政府とグアム政府双方からなる共同委員会が同意しないと、グアムに適用されない。

連邦政府にとってみれば、グアム側は、同じコモンウエルスでも、北マリアナ以上の自治権の拡大を要求しており、それは認められない、というわけだ。

グアム脱植民地委員会事務局長のレランド・ベティス

✴三つの選択肢で住民投票へ

二〇〇〇年十一月、私はグアム政庁でレランド・ベティス（三八）に再会したが、彼が事務局長をつとめる委員会は、「脱植民地委員会」と名称を変えていた。委員長は、カール・グティエレス・グアム知事である。ベティスは、グアムの地位について、「米国の一部ではなく、植民地」と断言した。世界には非自治領土が十六あるが、グアムはその一つ、というのだ。米連邦政府がグアムを「植民地」にし続けておきたい理由について、彼は「グアムの腐敗」と「米国の軍事的利益」を挙げた。

彼は、「脱植民地化――人々の自決を通して」というタイトルの広報資料をくれた。そこでは、「現状下では、グアムの将来はグアムの利益ではなく、他者がグアムから欲するものによって決定され続ける。我々の子や孫にとって、その将来が他者に決定されることがいいのかどうか？」と、グアム住民に問うている。

グアム政府は、二〇〇二年に再度、島民の選択を問う住民投票を予定している。その選択肢は、①米国の州、②自由連合、③独立――の三つである。連邦政府と十年にわたる交渉の末、合意にいたらなかったコモンウエルスは、今度の選択肢に入っていない。しかも、投票する住民の対象者はチャモロ人に限定された。「民族自決」という観点からである。

グアムの人口は現在、十七万人弱だが、先住のチャモロ人の比率は減少傾向にある。米政府の統計によると、太平洋戦争前の一九四〇年に九〇・五％だったチャモロ人は、戦後、米兵はじめアメリカ人の大量流入で五〇年に四六・一％と半数以下になり、その後、五〇％を超えたこともあったが、近年はフィリピン人を中心とする外国人労働者の大量流入にともなって再び減少し、九〇年には四三・三％になっている。現在は、この比率はもっと下がっているだろう。

チャモロ人だけの住民投票は当初、二〇〇〇年七月に予定されたが、結局、チャモロ人の有権者リストづくりの遅れなどから、二年後に延期された経緯がある。混血が進み、純血のチャモロ人がいないグアムで、投票資格を持つ「チャモロ人」のリストアップは容易な作業ではなさそうである。

グアム大学は二〇〇〇年半ば、四百人を対象に、この住民投票の行方を探る世論調査を実施している。その結果は、「米国の州」が四二％、「自由連合」が八％、「独立」が六％、残りは現状維持を含む「未決定」だった。この分では、本番の投票でも「米国の州」が最多になりそうだが、この決定を米連邦政府は尊重して民意に従うだろうか。

グアム政治に詳しいグアム大学のリチャード・ウィッテンバック・サントス副学長（五九）は、「連邦政府は、意味のない非公式な投票と見ている。投票結果は尊重されないだろう」と見通している。

＊米国の「州」昇格派の意見

グアムの将来の三つの選択肢、つまり「米国の州」「自由連合」「独立」の支持者はそれぞれ自分たちの意見を住民の間に浸透させるためのタスクフォース（プロジェクトチーム）を組織している。このうち、「米国の州」のタスクフォース代表をしている元グアム議会議員、エドワード・ドゥエナス（六四）に、あるパーティー会場で出会い、話す機会があった。

ドゥエナスは、グアムを米国の一州にしたい理由について、「プロ野球選手はだれもマイナーリーグではなく、メジャーリーグに行きたいだろう。それと同じだ」と言った。米国の市民権を有するのに、大統領選挙で投票権もない。米連邦下院にはグアム代表を送り込んでいるが、議決権はない。同代表のアンダーウッドについて、ドゥエナスは「黒票を投じているようなものだ」と言って、アハハと大笑いした。

彼が目指すのは、米本土や、一九五九年に第五十番目の州として連邦に加わったハワイと同様の権利と経済的利益が得られる州への昇格である。「州にするにはグアムは人口が少なすぎないか」との私の質問に、彼は、アラスカが一九五九年に州に昇格したときの人口が二十万人余りだったことをあげ、他にも人口十万人以下で州の仲間入りした地域もあることを強調した。「州になれば、上院議員二人と下院議員一人を送り出せる」とも言った。

グアムの米国州昇格の旗振りをする
エドワード・ドゥエナス

彼のタスクフォースは、チャモロ人を対象に調査をしたり、資料を作成して脱植民地委員会に提出したりしている。「グアムは米国領土だからこそ大勢の観光客が来る。外国の投資家も、米国の法律に守られていると安心して、ここにやってくる」と、グアムが米国の庇護下にあることのメリットを強調してやまない。

他の選択肢の「自由連合」と「独立」については、「グアム生まれの人間に米国の市民権を与えられなくなる。米国から援助を得るにも、米国と条約を結ばなければならず、それも一方的に破棄されることもありうる」とデメリットを述べた。

ドゥエナスが私にくれたタスクフォースのパンフレットを読むと、彼らはいますぐの州昇格を現実的とは考えていないことがわかる。「グアムの州昇格が現実になるには十年から二十年かかるだろう。経済的、政治的能力を発展させていくには十分な時間である」とのくだりもある。

グアム先住民自身の手による初の政治的地位の選択。その道程はまだ長く、険しいものになりそうだ。

5　米軍基地はいま

✷戦前からの軍事的戦略拠点

グアム島は、米西戦争で米国が勝利した結果、一八九八年にスペインから米国に譲渡された。以来、米国はこの島を軍事的戦略拠点として利用した。一九三九年、アジア主義者の大川周明が序文を寄せた『白人の南洋侵略史』（柴田賢一著、興亜日本社版）という本が出版されているが、そこではグアム島についてこう記されている。

「グアム島の総面積は二百二十五平方マイルで渺《びょう》たる一小島に過ぎないが、その軍事的價値に到つては測り知るべからざるものがある」

「米國政府は領有以来大いに経営に努力し、海軍省管轄の下に軍政を布き、大海軍を収容するに足る根據地を建造して来た。特に支那事變が拡大するや、日本の聖戦を理解せざる米國は、日本に敵意を示し来り、太平洋防衛強化の必要を痛感、一九三九年—四〇年にわたつて五百萬ドルの經費を投じ、グアム島の軍事的施設を強化することに決し、議會は一旦否決したが、歐洲情勢の急迫により再び防衛に専念してゐる。

因みに外國の軍艦及び商船の寄港は禁止されてゐる。なお島内の旅行は、その都度米國海軍省の許可を要することになつてゐる」

島内の旅行まで米軍の許可を必要としたというのだから、すでにこの時期、グアム島は米軍の「不沈空母」のような存在になっていたのだろう。

✷在フィリピン基地から移転

グアムは太平洋戦争後も、ハワイ、日本、韓国、フィリピンとともに、米国のアジア太平洋戦

星条旗がひるがえる米軍の北マリアナ司令部

略の重要拠点に位置づけられ、ベトナム戦争時代はB-52などの爆撃機の発進基地として活用された。私は新聞社のマニラ特派員時代、グアムの米軍基地を二回取材している。

初めは一九九三年五月。この前年の在フィリピン米軍の全面撤退で、この地域では米軍部隊の再配置が進んだが、その実情を見るためだった。

グアムの米軍基地の概要を説明しておこう。グアム島は面積五百四十九平方キロメートル。このうち米連邦政府が所有する土地は、軍用地を中心に約百八十平方キロメートルで、島の面積の約三分の一を占めている。グアムの米軍は、ハワイに司令部を置く米太平洋軍の傘下にある。太平洋空軍は第十三軍が配備され、太平洋艦隊の第七艦隊が母港・横須賀港とともに前方展開の拠点にしている。

島の中西部にある原子力潜水艦の母港・アプラ軍港は、補給艦の母港でもある。私が訪れた当時、基地には、軍人、軍属計一万人余り、民間人八千人余りが勤務していた。家族を含め軍関係者は約三万人で、軍関係の税収入は四千三百万ドル余り。地元への経済効果は約七億二千五百万ドルと試算されていた。

基地はおおむね金網フェンスで囲まれ、部外者の立ち入りを厳しく制限している。このため、基地内に入るには、広報担当や渉外関係者から事前のアポイントメントが必要である。

まず、米海軍マリアナ司令部のジョン・ジョンソン広報官に話を聞いた。

「フィリピンから米軍が撤退したあと、グアムは戦略的に重要性が増した。ここは今やハワイからアフリカ東岸までカバーする唯一の米軍基地です」

在比米軍基地からは、ルソン島中部のピナツボ火山が大噴火して著しく降灰被害を被ったクラーク空軍基地が使用不能になった一九九一年以来、軍人・軍属千二百五十人とその家族千三百人余りが移転してきた。

その中心は、島北端のアンダーセン空軍基地に司令部を置く海軍艦隊後方支援飛行大隊、通称「ＶＲＣ50」である。同空軍基地は太平洋戦争中まで「ノース・フィールド」と命名されていたが、戦時下の一九四四年にグアムの司令部からワシントンに向かう途中、乗機とともに消息を絶った太平洋地域陸軍航空部隊参謀長のアンダーセン准将にちなんで、今の基地名になった。

VRC50の兵力は四百五十人。九二年九月までに、フィリピンにあったもう一つの軍事拠点、スービック海軍基地からの移転を完了した。同隊は航空機十八機を保有していた。同隊のドン・ブース管理官は、「移転後、わが部隊の戦力はさらにアップした。要請があれば、フィリピンも、南シナ海も防衛できる能力がある」と自信を示した。

アンダーセン基地には、もともと空軍の第六〇五空輸支援大隊と第六三三基地航空団が駐留していたが、九一年にクラーク基地から新たに第十三航空司令部が移駐してきた。

だが、アンダーセン基地に配備されたのは司令部要員の六十五人だけで、自前の航空機も保有していない。ベトナム戦争時代に活用したB-52爆撃機の第四三爆撃航空団が八九年に解隊されて以来、この基地には常駐の爆撃機は一機もない。B-52は、基地の敷地内で展示物になっている。アジア太平洋における米空軍の主力はもはやグアムにはなく、沖縄を中心とする日本、韓国、ハワイにある。

グアム知事のスポークスマン(当時)、マーク・フォルベス(三八)は「スービックのような巨大な港がなく、クラークのような爆撃訓練場所もないグアムは、とても在比米軍基地の肩代わりはできない。いつ起きるかわからない偶発事故に備えるために広大な基地を存続させる意味はもはや薄れている」という。

フィリピンのスービック基地から移転してきた
ＶＲＣ50部隊の航空機（アンダーセン空軍基地）

ベトナム戦争などで使われたが、今は展示物に
なっているＢ−52爆撃機（同上）

✳整理統合が進んだ九〇年代

彼の指摘は的を射ていた。九四年に入ってグアム島の駐留米軍は、航空部隊を中心に大幅に削減され始めた。主力の海軍は九五年までに約三分の一が米本土などに移転。地元住民が返還を要求している基地の「余剰地」も一部がグアム地方政府に返還された。在比米軍全面撤退に続く米国の戦略変更で、アジア配備の米軍は、日本と韓国により重心が移ることになった。

九四年十月、私は再び米海軍マリアナ司令部を訪ねた。ケリー・メレル大尉（広報担当）が私に語ったところでは、在比スービック海軍基地の閉鎖で、九二年に同基地から移転してきた海軍艦隊後方支援飛行大隊（ＶＲＣ50）は九四年の九月末に解隊し、約五百人の兵士は米国本土に引き揚げたということだった。

さらに、グアム国際空港に隣接のアガニャ海軍航空基地（七・四平方キロメートル）が近く閉鎖され、偵察飛行中隊二部隊がそれまでに米本土に移駐する予定だとメレル大尉は話した。すると、海軍の航空部隊で残るのは、救援主体のヘリコプター戦闘支援部隊（三百人余り）だけになる。かつて原子力潜水艦が頻繁に寄港したアプラ港を母港とする補給艦四隻は順次、民間の乗組員中心の輸送艦に転換が図られており、駐留海軍兵士も九五年中に大幅に減るということだった。

一方、空軍の方は、ピナツボ火山の大噴火で在比クラーク空軍基地から移転してきた第十三航

アガニャ海軍航空基地の管制塔周辺

空司令部が島北部のアンダーセン基地内にあるものの、常備されている空軍機は一機もない。八九年の爆撃航空団解隊以来、同基地は外から飛来する航空機の休憩・燃料補給地点でしかなく、二千四百人の空軍兵士は全員、通信など非戦闘部門で働いている。

このため、基地の敷地の大半が未使用状態で、後述するように、その「余剰地」の返還を求める住民運動が展開された。

メレル大尉は、「グアムは依然、兵たん基地として戦略的に重要」と語った。だが、グアム政府は、米の国防費削減が続く中で今後、同基地のさらなる縮小は不可避と判断し、基地転換の委員会を作って跡地利用計画の策定を進めた。

その後も、基地のリストラと人員削減は進んだ。例えば、海軍は九五年初めに補給基地と弾薬基地が整理統合され、海軍グアム基地になった。それも、その後、マリアナ地区海軍司令部に統合された。アプラ港にある同基地に戦艦はなく、潜水艦救援艦と補助艦が各一隻、配備されている程度である。

米国防省は九五年二月に在グアム海軍基地の整理縮小計画を発表した。艦船修理施設は九七年七月に完全閉鎖し、施設や跡地はグアム政府に返還する。また、補給センターも同年九月に閉鎖し、海軍マリアナ司令部の下に置くという内容だった。

かつてグアムには、ソ連、中国といった米国の仮想敵国に対する抑止力として原子力潜水艦や長距離爆撃機が配備されていたが、冷戦が終わり、配備の必要性が小さくなった。グアムの戦略的価値は低下し、大軍事基地を維持する必要はもはやなくなったのである。

✳沖縄からの兵力移転構想も

大田昌秀・沖縄県前知事はその在職中、在沖米軍基地のグアムやハワイへの移転を模索して何度も米国を訪問した。九八年の訪米時には、『沖縄タイムス』は「グアムの選択——沖縄基地の整理・縮小」という連載記事（同年六月九日〜十二日）を載せた。このとき、筆者の仲地清・名桜大学教授は、グアムのカール・グティエレス知事（民主党）にインタビューして、こんな答えを引き出している。

「沖縄からワシントン政府へのグアムの基地移転の要請については関心を持っている。現在のグアムの米軍基地の面積の規模を拡大しない条件で、沖縄の基地の一部を引き受けてもよい。グアム経済に寄与すると思うので、沖縄からの移転に賛成である」

九八年十一月のグアム知事選挙では、この沖縄基地移転派のグティエレス知事が再選された。

グアム当局が在沖基地の一部移転に意欲を示し始めたのは、グアム経済の動向が大きく影響している。この島の経済は、「観光」と「基地」が二つの柱だが、観光客の八割を占める日本人旅行客は、グアム観光局調べで九七年には百十三万人余りだったが、日本の景気低迷などが影響し、九九年は九十六万弱に落ち込んだ。日本人の次に多い韓国人も、アジア経済危機が始まった九七年以降、激減。同年八月にソウル発の大韓航空機がグアム島で墜落した事故も影響した。こうして一時は年間二百万人を超えた外国人客（過去最高は九五年の約二百十九万人）は、九九年には約百十六万人まで落ち込んだ。

二〇〇〇年十一月、この地域の安全保障問題に詳しい元米海軍大佐で、グアム大学副学長のリチャード・ウィッテンバック・サントス助教授（五九）に会って聞いた話では、冷戦時代最後の一九九〇年、グアム駐在の米兵は約一万八千人いたが、いまでは空軍、海軍合わせて約六千人しかいないという。

お隣のフィリピンでは、九一年六月、ピナツボ火山の二〇世紀最大級の噴火で大被害をこうむっ

グアム大学副学長のリチャード・ウィッテンバック・サントス

たクラーク米軍基地が閉鎖に追い込まれた。このとき、米政府が島の面積の三分の二の軍用借地権を持つテニアン島に新たな空軍基地を築く計画を持っていたことを、当時、軍内で政策策定にあたっていたサントス副学長は教えてくれた。その計画も、この年のソ連の崩壊と冷戦の終結で反故にされたという。

グアムにはまだ兵舎など軍用施設が多数あることなどから、サントス副学長は「その気になれば、沖縄から一万四千人ぐらいの米軍兵士を受け入れられる」と語った。

✷基地機能再強化の動き

冷戦終結にともなって、グアムの戦略的重要性は薄れたと思われた。ところが、最近になって、再びグアムの基地機能を強化する動きが出始めている。地元紙『パシフィック・デイリー・ニュース』が二〇〇〇年七月三十一日、米海軍原子力推進部長のフランク・ボウマン大将の話として伝えたところでは、ハワイの真珠湾を母港とするロサンゼルス級の原子力潜水艦二十隻のうち、三～五隻を今後十年以内に配置替えする考えという。一方、アンダーウッド米連邦下院グアム代表は、この動きを歓迎するコメントを出している。

同紙はまた、非核搭載巡航ミサイル貯蔵庫をアンダーセン空軍基地内に新設したという米空軍の発表を伝えている。グアム駐在米空軍スポークスマンのジョン・コックラン大佐は「グアムの戦略的重要性を示すもので、周辺地域に対する攻撃など、近い将来に考えられる任務に備えることを念頭に置いたものである」とコメントしている。同紙はまた、エロイズ・バサ・グアム商工会議所会頭の「軍事プレゼンスの増大は、我々の経済への注入資金を増やす」という歓迎のコメントを伝えている。

沖縄県の稲嶺恵一知事は二〇〇一年二月の県議会で、在沖縄米海兵隊による訓練の一部について、「県民の基地負担を軽減する観点から、米軍基地があるグアム島への移転が可能か、日本政府に打診したい」との意向を表明した。グアムの経済界は、こうした沖縄の動きを歓迎するはずだ。観光が斜陽になれば、もう一つの〝基幹産業〟である軍事基地で経済復興を図ろうというグアム経済人の思惑に、米軍の新たな動きは沿っているようにみえる。

＊チャモロ人の土地奪還運動

先に記したように、米連邦政府の所有する土地は軍用地を中心にグアム島の約三分の一を占めている。九三年四月、グアム政府は島の米軍基地面積の八割にあたる百四十平方キロメートルを「余剰地」と試算し、その削減のため、グアム国際空港に隣接する海軍航空基地（七・四平方キロメートル）のアンダーセン基地への移転を求める要望書を米政府に提出した。

グアム政府のマーク・フォルベス副首席補佐官（三八）は「グアムの米軍基地は後方業務が中心で、めったにない有事のために広大な基地は必要ない。民間地として活用すれば、基地税をはるかに上回る利益が得られる」と主張していた。

グアム政府の要求のうち、海軍航空基地については、米上院の承認で六年以内の移転が九四年九月に決まり、実行に移された。だが、「島の基地面積の八割が余剰地」というグアム政府の主張を、米政府は認めていない。基地の余剰地はそんなにはないというわけだ。

こうした中で、先住のチャモロ人による先祖伝来の土地奪還運動が九二年ごろから盛り上がった。チャモロ人は一時期、アンダーセン基地の道路沿いや敷地に団結小屋やテントを建て、抗議の意思を示していた。

私は九三年六月にその団結小屋の一つを訪れたことがある。小屋の前には、紺と赤のグアム旗がたなびく。この運動の中心は、九二年七月に結成された民族団体「チャモロ・ネーション」で

アンダーセン空軍基地の敷地にテントを張って抗議するチャモロ住民

ある。その指導者のエンジェル・サントスに団結小屋で会った。当時三十四歳のサントスは口ひげ、あごひげをはやし、頭髪は後部だけ残して束ねるチャモロ伝統の髪型をしていた。

「われわれは、独自の言語や文化を守りたい。チャモロ・ネーションのメンバーはいま公称一万五千人。ロタ、サイパン、テニアンなど他の島にもネットワークを確立しようとしています。われわれのメッセージは、国家樹立のための主権の追求であり、自然、人的資源など神が与えてくれた権利の保護です。大衆の覚醒が得られれば、われわれは政治的尊厳を得ることができるでしょう」

政治的にはグアムをどうしたいのだろうか。この質問に、サントスは「コモンウエルス（自治領）か、自由連合か、独立か、それは住民が決めることだ」と答えた。さらに、「個人的には」とことわっ

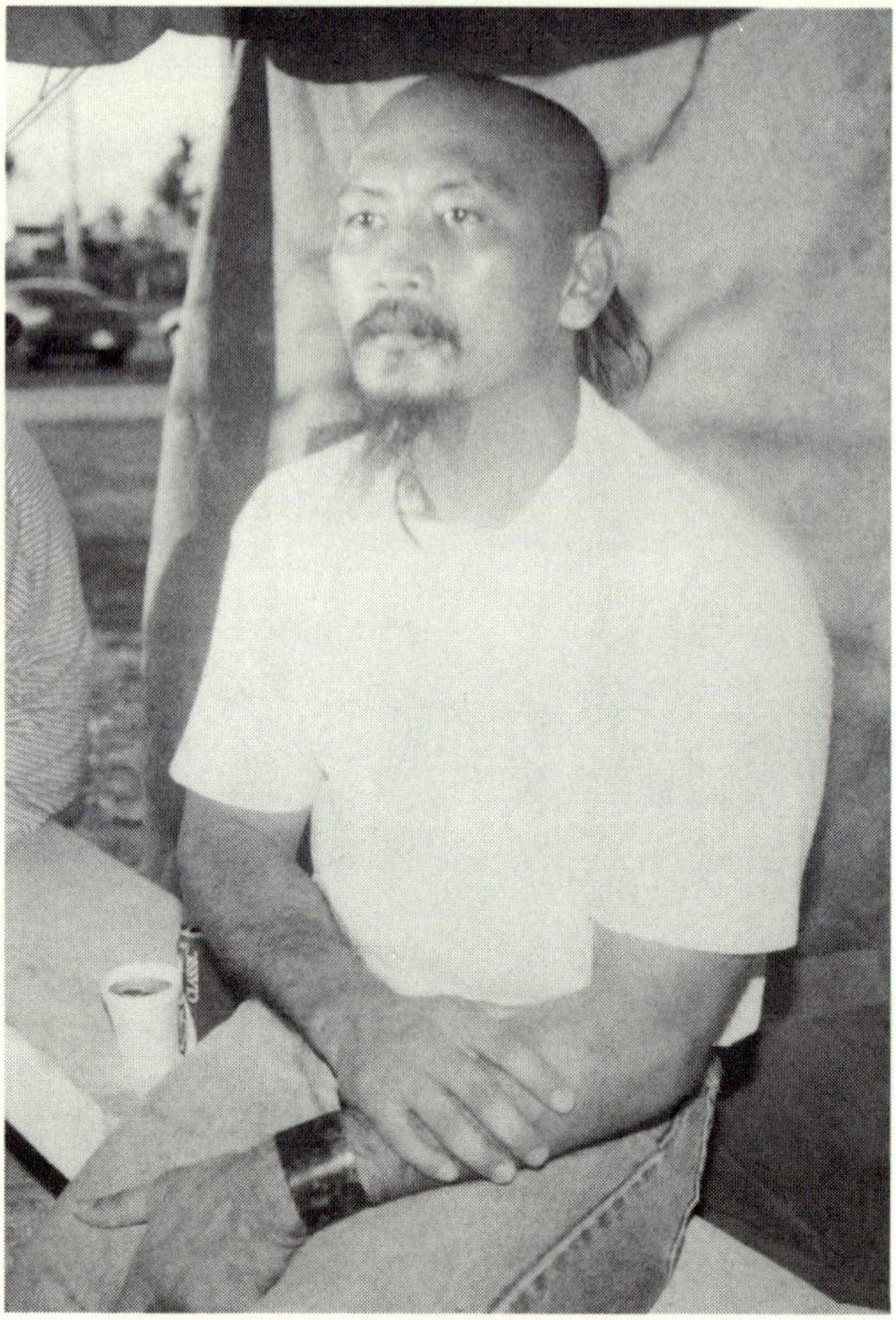

テントを張って抗議活動をしていた頃のエンジェル・サントス

て「米国と自由連合盟約をかわして、国連の一員になるのがいい」と言った。自由連合はミクロネシア連邦やマーシャル諸島共和国などと同じ地位で、米国からの独立を意味する。

　サントスに聞いて初めて知ったことだが、グアムは一九七五年に英語とともにチャモロ語を国語に指定している。サントスも自宅ではチャモロ語を使っているという。チャモロ語は、米国統治時代の一九〇三年に行政命令で使用が禁止されていた。チャモロ語をしゃべると、罰金や体罰が課せられたという。それが復権しつつあるというのは、チャモロ人としてのアイデンティティー（帰属意識）が高まったせいなのだろう。

　サントスは、日本軍を追い出して以降の米国のグアム島支配を「米国の再占領」と呼ぶ。「私の祖父は、第二次大戦中にグアムを再占領した米政府から『土地使用の補償の一部』として千ドル余りを受け取った。ところがあとで、『それは買収費用』と言われ、約三ヘクタールの土地を奪われた。祖父はいかなる書類にも署名はしていない。これは違法な土地の強奪だ」と主張する。基地を管理する米政府は「不法侵入」の罪でサントスらを訴え、裁判で係争中だった。

サントスは九三年十月のグアム議会補欠選挙に出馬した。「議会活動を通じて、われわれの土地を奪回していきたい」からだった。三人の候補と争って、得票率三〇%を記録し、当選まであと一歩と善戦した。

サントスは九四年九月のグアム議会選挙に再出馬して、当選を果たした。その後、法廷侮辱罪で米本土の刑務所に収容されるという苦い経験もしたが、出所した後、二〇〇〇年十一月のグアム議会選挙で再選された。

彼は、「すでに三千エーカー（約十二平方キロメートル）を取り戻すことに成功した。今後は一万エーカー（約四〇・五平方キロメートル）を目標に運動を進めたい」と抱負を語る。議会活動を通じて、今後も土地奪還運動を進めることだろう。

抗議のために二カ月近くテント暮らしをしていた建築会社経営のアイバン・ディソト（四六）は、「米軍は太平洋戦争末期にグアムを再占領し、祖父の土地を奪った。祖父は英語が全く読めなかった。だから、被害補償と思い込み、土地の売却であることを知らないのに、通訳が言うままに署名させられた。祖父は当時、アメリカ市民でもなかった」と抗議し、基地内の二十八ヘクタールの土地返還を米政府に要求し続けていた。

その後、米政府が基地の土地を返還し始め、チャモロ人の土地奪還運動はこのところ下火になっている。

彼らが土地にこだわり始めた背景には、ゴルフ場建設はじめ急激な観光開発にともなう地価の高騰や、民間の土地不足の現状がある。日本人を主な相手とする観光産業の発展がチャモロ人の生活を圧迫する側面があることを、私たちは知っておくべきだろう。

6 肥大化するフィリピン人社会

✷六十七もあるフィリピン人協会

グアム島では、どこでもフィリピン人の姿が目立つ。ホテル、飲食店、土産物店など、サービス産業はほとんどがフィリピン人といっていいほどだ。グアム島にやってきた日本人観光客が日常的に接するのは、先住のチャモロ人よりもフィリピン人の方が圧倒的に多いだろう。私が左手首を骨折してお世話になった病院でも、医療助手や看護婦にはフィリピン人が多かった。

その数はグアム全土で約四万人。グアム住民の四人に一人はフィリピン人という勘定だ。この島には、フィリピン人たちがつくる協会が六十七もある。出身地のフィリピンの州や都市ごとに組織されている。

その協会の連合体が「グアム・フィリピン人コミュニティー」だ。二〇〇〇年十一月、その会長に中華系フィリピン人のエミリオ・ウイ（五〇）が選ばれた。彼は、家具、事務用品などを販売する「ナショナル・オフィス・サプライ」の副社長を務めている。リゾートホテルが立ち並ぶタモン地区にある同社のオフィスでウイに会った。

グアム・フィリピン人コミュニティー会長のエミリオ・ウイ

ウイはマニラ出身で、実家は製材工場だった。三十歳のとき、グアムに移住し、アメリカ市民権を取得した。今では、従業員四十人の会社の事実上のトップ。従業員の八割はフィリピン人で、本店内ではフィリピーノ語が飛びかっていた。ウイはグアムで最も成功したフィリピン人ビジネスマンの一人である。

グアムのフィリピン人は観光・ホテル業のほか、政府機関、医療機関、建設業など多岐にわたる分野で活躍している。その約七五％はアメリカ市民権を取得している定住組である。サイパン島など周辺の島にも大勢のフィリピン人が暮らしているが、グアムのフィリピン人と違うのは、彼らの多くが契約労働者で、契約期間が切れれば帰国する一時滞在組である点だ。

グアムのチャモロ人は六万人余り。フィリピン人はチャモロ人に拮抗する人口に膨張しつつある。ウイは「チャモロ人とフィリピン人の間には、対立や憎しみはない。民族的摩擦もない。グアムのチャモロ人は、外国人に対してたいへん友好的。グアムは、フィリピンよりも金を稼ぎやすく、暮らしやすいところです」と言い切った。

スペイン、米国、日本の植民地支配を受けたという歴史や、住民の大半がカトリック教徒であるなど、チャモロ人とフィリピン人は歴史的、文化的に共通点が多い。

ところが、これだけ大勢のフィリピン人がいても、グアム議会には一人もフィリピン人の議員がいない。二〇〇〇年十一月の選挙でも、一人立候補したが、落選している。ウイの話では、六年ほど前には一人フィリピン人議員がいたが、それ以来、一人もいないという。フィリピン人の地元議員が生まれない理由について、ウイは「フィリピン人だからといって、選挙でフィリピン人候補者に投票するわけではないから」と言った。グアムに限らないが、在外フィリピン人はナショナリズムよりもリージョナリズム（地域主義）が強い。それがこの小さな島で六十七もの協会設立につながっている。

ウイは、「二年後の選挙では、まずフィリピン人の間で世論調査をして、指導者を決める」というう。次の選挙では、フィリピン人の統一候補を擁立するというのだ。フィリピン人が政治にコミットし始めたとき、チャモロ人との間で政治的緊張が高まる恐れはないのだろうか。

グアムの将来の政治的地位を選択する二〇〇二年の住民投票は、有権者がチャモロ人に限られ、フィリピン人は参加できない。この点について、ウイは「大多数のフィリピン人は投票に参加したがっていると思う。大勢は、現状維持派（米国の未編入領土）と思う」と言った。チャモロ人の若者は米国本土に留学したがり、渡米すると帰ってこないケースが増えている。一方で、人口が七千六百五十万人、年平均人口増加率が二％強と高く、失業者も多いフィリピンからグアム島への移民の波はとまらない。フィリピン人がいずれチャモロ人を数のうえで上回る可能性があることを、ウイは否定しなかった。グアムは将来、フィリピン人が過半の島になるのだろうか。

✳恋人岬のみやげ店員もフィリピーノ

グアムで最も有名な景勝地といえば、タモン湾北端にある恋人岬だろう。海抜百二十メートル

恋人同士が抱き合う恋人岬の像

余の高台には、高さ十メートルほどの男女が抱き合う像がそびえ立っている。恋人岬の伝説は、大理石の碑に、英語、チャモロ語、日本語、中国語、韓国語で記されている。その昔、スペイン人の軍曹との結婚を命じられたチャモロ族の女性が、恋人のチャモロ青年と落ちあい、カヌーで島を脱出しようとしたところ、スペイン人の軍人に見つかって逃走。若い二人は互いの長い髪を結び合い、断崖から海に身を投じたという悲恋物語である。

周辺の海が一望できる恋人岬の展望台に立つには、入場料三ドルを払わないといけない。グアム住民は二ドル。展望台からの光景は確かに絶景で、タモン湾岸のホテル街も見渡せる。眼下には、遠浅の真っ青な海。打ち寄せる白波が耳にここちよい。

恋人の像の脇には、グアム政府観光局のアートギャラリーが建っている。中には、風景画、人物画、裸体画など、チャモロ人やフィリピン人のアーティスト十九人が描いた絵画七十五点が展示、販売されていた。

このギャラリーで働いているビト・キタリアノ（五五）もフィリピーノだった。彼は、この観光地周辺が官民合わせて三百万ドルを投じて整備されたことを説明してくれた。彼もウイ同様、「フィリピンは人が多すぎて、ちゃんとした学校を出ても仕事を得るのが難しい。その点、グアムでは仕事が見つけやすい」と、この土地の利点を強調した。

フィリピン人が島に四万人もいるのに、その中に政治家が一人もいないのは、お互いに足を引っ張り合うフィリピン人特有の「クラブ（カニ）・メンタリティ」ではないか、と私が問うと、彼は「確かに」と首をたてに振った。

仮にもしフィリピン人の政界進出が進めば、チャモロ人との間の民族摩擦は避けられないだろう。行政府や立法府はチャモロ人、サービス産業を中心とするビジネスはフィリピン人という「すみ分け」がある限り、両民族は共存し続けるようにみえる。

✷チャモロ人のルーツは台湾かフィリピンか？

グアム島中東部には、ミクロネシアで唯一の四年制大学、グアム大学がある。その入口付近には、ピンク色の瀟洒《しょうしゃ》な学舎が建ち並んでいる。一九五二年設立の公立大学で、現在、大学院生を

ミクロネシア唯一の四年制大学、グアム大学のキャンパス

含め約三千六百人の学生が学んでいる。

この大学には、世界に誇れる売り物の研究機関が二つある。海洋研究所とミクロネシア地域研究所である。この地域研究所でもう十年も所長を務めているのが、「ヒロ・クラシナ」の名で知られる倉品博易（五二）だ。学部時代からカリフォルニア大学バークレー校で学び、考古学で修士号と博士号を取得。博士課程時代はエチオピアをフィールドにしたが、今はオセアニアや東南アジアをフィールドにしている。

グアムの首都アガニャのラッテ・ストーン公園には、高さ二メートルほどの石灰岩の石柱八本が平行して二列に並んでいる。ラッテ・ストーンは、マリアナ諸島だけにある古代チャモロ文化の名残りで、「ハリギ」と呼ばれる柱身と、「タサ」と呼ばれるコーヒーカップ状の石から

チャモロ人の源流などについて語る倉品博易・
グアム大学ミクロネシア地域研究所長

成っている。西暦一一〇〇年から一七〇〇年ぐらいにかけてチャモロ人によって築かれたもので、グアム島のほか、サイパン島、テニアン島、ロタ島などマリアナ諸島のどの島にもある。村の重要な建物の基礎として築かれたものと見られている。倉品所長はラッテ・ストーンの研究から、チャモロ人のルーツを探る仕事もしている。

例えば、インドネシア・ジャワ島中部のボロブドール遺跡。倉品所長はここを数回、訪れているが、遺跡の一番下の階段にラッテ・ストーンに似た家屋が見つかった。チャモロ人の東南アジアルーツ説を裏付ける発見だが、最近は台湾の先住民族がルーツという説も強いという。

台湾のすぐ南のフィリピン・ルソン島北部の山岳地帯に住む先住のイフガオ族の家屋の土台は木製だが、この形状もラッテ・ストーンに似ている。イフガオ族らフィリピンの先住民と台湾原住民は言語が似ていて密接な関係にあると見られている。イフガオ族の間では、石柱のことを「ラディー」と呼ぶ。これは「ラッテ」という言葉に近い。しかし、グアム島に今や四万人もいるフィリピン人に対するチャモロ人の偏見が強いことから、「チャモロ人のルーツはフィリピン」と地元で公言するのははばかられるという。

いずれにせよ、かつて東南アジアの島々から太平洋の島々への民族移動があり、その一部がグアム島などにも到達したと考えるのが自然のようだ。

倉品所長らはラッテ・ストーン付近の発掘作業をマリアナ諸島各地で行っているが、石柱の間の地中から魚の骨、貝殻などが出てきている。食べかすを家屋から外にほうり出して地中に蓄積したと見られる。また、人骨も発見されているが、これは家屋の下や前に土葬する習慣があったことをうかがわせるという。

グアム島の最北端には、タラギ遺跡がある。これは、三千五百年前、日本でいえば縄文時代後期に当たる遺跡で、マリアナ赤土土器などが出土している。この土器はミクロネシア、ポリネシア、フィリピン、インドネシアの古代土器によく似ているという。昔からオセアニア、東南アジアの島々の間で、人々の交流があったことをうかがわせる遺跡である。

ミクロネシアは他に、ヤップ、パラオ、チューク、ポンペイ、マーシャルなどに住むカロリン人がいるが、考古学的には、彼らはチャモロ人とは異なるルーツ、つまりパプアニューギニアな

古代チャモロ人が築いたラッテ・ストーン（アガニャのラッテ・ストーン公園）

どのメラネシアから北上したと言われている。

倉品所長はグアム島にもう二十年暮らしている。すっかりグアム人だが、「ボクから見て、反日感情が強い島」という意外な言葉が飛び出した。年配の住民からは、日本統治時代に「日本人にビンタをくらった」とか「強制労働させられた」などの追憶話をよく聞かされるという。ラッテ・ストーン公園には、日本統治時代にできた防空壕があるが、これも「チャモロ人が強制労働で掘らされた」と言い伝えられている。

また、地元の有力英字紙『パシフィック・デイリー・ニュース』の看板コラムニストが日本人や日本文化への偏見に満ちたコラムをよく書くのも、倉品所長を憂鬱にする一因である。

「日本人として肩身が狭い思いをすることもありますよ」。地元に根付いて暮らす日本人ならではの感慨だろう。

7　観光の島の今と昔

✷「グアム観光産業の父」の回想

グアム島は、ワイキキビーチ、ポリネシア文化センターなどがあるハワイに比べ、観光の売り物が少ない。前にも述べたように、この島を訪れる旅行客はピーク時の一九九五年（約二百十九万人）から九九年（約百十六万人）にかけて大きく落ち込んだ。このため、倒産や閉鎖に追い込まれるみやげ物店が一時期、続出した。経営が苦しいホテルも少なくない。二〇〇〇年には旅行客が約百二十九万人と少し盛り返したものの、グアム観光が曲がり角に立たされているのは間違いない。

グアム島には「グアム観光産業の父」と呼ばれる人物がいる。グアム政府観光局の初代局長を務めたノルベルト・ウンピンコ（六七）だ。父方が広東人、母方がスペイン人、他にチャモロ人やフィリピン人の血も混じっているという。彼は一九七〇年から八二年まで観光局長だった。

局長就任当時、グアムを訪れる外国人観光客は年間約一万五千人しかいなかった。彼は、一九八〇年までに年間三十万人に増やす野心的な計画を立てた。その実現のため、島に熱帯の植物や花を植え、観光産業従事者には観光客をいかに手厚くもてなすかという教育に力を入れた。「チャモロ人は本来、人を歓待する性格だが、最初はその表現の仕方を知らなかった」という。「友だちの島、グアムへようこそ」。こんな言葉を彼は日本語で言えるよう地元の観光関係者に徹底したという。

「グアム観光産業の父」と言われる
ノルベルト・ウンピンコ

観光客誘致の主要マーケットである日本の主要な大都市を訪れ、地元のダンサーを同行するなどしてグアムの観光PRを推し進めた。しかし、グアムに固有のチャモロダンスなどあるのだろうか？　この疑問に、彼は一九七〇年代初めまではプロのダンスグループがなかったことを認めた。しかし、「ジミー・

ディー・アンド・チャモリタス」というプロの音楽ダンスグループが誕生し、「グアムだけでなく、世界各地でチャモロダンスを披露している」と言った。

「グアムの売り物はアメリカ文化か、それともチャモロ文化か」という私の質問に、ウンピンコは「その両方をプロモートしていきたい」と答えた。

グアム観光産業で、私には一つ疑問があった。日本人が圧倒的多数を占めるのに、戦跡はじめ日本がらみの史跡があまり整備されていないし、アピールもされていない。この点について尋ねると、ウンピンコは「日本人観光客の何割が第二次大戦関連の施設を訪れたいと思っているか、あなたは知っているか」と逆に聞き返された。「二割ぐらい?」と答えると、「たった三%から五%」と言われ、返事につまってしまった。

その理由について、彼は「日本は戦争で敗れたから、戦跡などは日本人にとっては魅力的なアトラクションではないのです」とズバリと言った。

「日本人観光客の大半は十八歳から二十九歳ぐらい。彼らは戦後生まれで、戦争のことをまったく知らない。ここにやってくるアメリカ人の多くが元兵士で、戦争関連施設を訪ねたがるのとは対照的です」

今も観光局理事の彼は、グアム観光の未来をどう描いているのか。

「われわれはいつの日かシンガポールのようになる。二〇〇五年には年間二百万人以上の観光客を期待しています。観光客の大半は日本人であり続けるでしょう。アジア経済の下降で、国籍の分散化を考えるには今はタイミングが悪すぎるが、将来は中国、韓国、台湾、オーストラリアなどからの招致にも力を入れたい。最大の競争相手はハワイです」

観光客二百万人突破のカギは何か。

「公共施設の改善が必要。また、観光がどれだけ人々に利益をもたらすかという教育がもっと必要でしょう」

日本人相手の観光戦略を練る
セツコ・コレン・大竹

✷修学旅行生やシルバー層を新ターゲットに

グアム観光を語るうえで、もう一人欠かせない日本人がいる。日本地区のマーケット担当官のセツコ・コレン・大竹だ。グアム政府観光局に一九七七年以来勤務している。「観光局で私がもう一番の古手」という。

大竹によると、彼女が入局したころのグアムのキャッチフレーズは「スポーツ・アイランド・グアム」だった。当時、東南アジアは「男性天国」のイメージだったので、グアムはスポーツと健康を売り物にしようという戦略だった。しかし、当初はスポーツ施設といっても、ウインドサーフィンがあるくらい。ダイブショップは二軒しかなかったという。その後、ゴルフ場、テニス場、ジェットスキーなどスポーツ関連施設を充実させ、イメージの定着にまずまず成功。今では「スポーツ・アイランド」のキャッチフレーズはパンフレットなどで使っていないが、観光のコンセプトは以前と変わっていないという。

ただ、日本のマーケットが頭打ち傾向なので、新しい観光客の開拓に力を入れ始めている。その一つが、高校生を中心にした修学旅行生。主な名所旧跡をまわったり、現地の学校訪問をして英会話の実践も試みている。九九年ごろから関西の学校を中心に力を入れ始め、これから市場の大きい関東圏でもマーケティングを実施する計画だ。海外への修学旅行は一度行き先を決めると、三年ぐらいは同じ国を訪れるので、安定した数の訪問客を確保できる強みがある。

もう一つはシルバー層。「催しに参加したい」「勉強したい」という意欲のある高齢者が増えつつあるので、それに対応した施設や受け入れ態勢の整備をこれから検討していくという。アガニャの史跡めぐりのところでも記したが、高校生やシルバー層の需要に応じるためにも、歴史スポットの整備、充実は急務だろう。

「グアムのプレスリー」と呼ばれるジミー・ディー

✴グアムのプレスリー

グアム島には、グアム政府観光局から「ミスター・ツーリズム」の称号をもらっている男性がいる。ウンピンコが、チャモロダンスのショーを売り物にしていると言ったジミー・ディーである。ウンピンコから連絡を受けたジミーは、ショーのない非番の日曜日、自分のCDや自己紹介の資料を持参して、私の宿泊ホテルを訪ねてきてくれた。

紹介文によると、ジミー・ディーと若い美女のダンシングチーム「チャモロス」はグアム島を拠点にもう二十年活動していて、「グアムで最も成功しているエンタテイナー」とある。エンターテインメントの本場である米国のラスベガスはもちろん、日本にももう百回ぐらい行って、テレビにも頻繁に出演した。

ＣＤで彼のナンバーを聞いたが、とても甘い歌声で、「グアムのエルビス・プレスリー」や「グアムのトム・ジョーンズ」と言われるのも納得できた。彼の歌は、やや古めのアメリカンポップスやハワイアンがかったのが多い。「国歌並に有名」という「ハファダイ」（「こんにちは」や「ようこそ」を意味するチャモロ語）も軽快なポップスで、チャモロのオリジナリティーを見出すのは難しい。

この点についてジミーに聞くと、「スペイン・チャモロ戦争で、チャモロの多くの文化的遺産が失われました。古文書や記述を読んで、私たちは東南アジアと共通性が多いことがわかった。マレーシア、フィリピン、バリ、ハワイ、サモア、タヒチなど、私たちは同じ所から来ていると思う。だから、私たちの音楽もダンスも、他の国々から借りているものが多い。日本だって、昔の中国から借りたものが多いでしょう」と言った。

グアムの歴史の項で記したように、スペイン統治下の十八世紀、チャモロ人は戦闘や病気の蔓延で一時期、千人以下に激減。その後も他民族との結婚で純粋なチャモロ人はマリアナ諸島にもういないと言われる。このため、チューク、ヤップ、パラオなど周辺のミクロネシア諸国と違って、伝統芸能がほとんど残っていない。ジミーは、チャモロの伝統音楽も伝統舞踊も原形をとどめないから、他の地域のものも取り入れて独自の音楽やダンスを創造している、というのだ。

ジミーがくれた三枚のＣＤは繰り返し聞いたが、英語の歌が圧倒的に多く、アメリカンミュージックの範疇に入る気がした。音楽におけるチャモロなるものを、私はまだわかりかねている。

Ⅱ　サイパン島

白波が立つバンザイ・クリフの岸壁。戦争末期、ここから多数の在留邦人が飛び降り自殺した

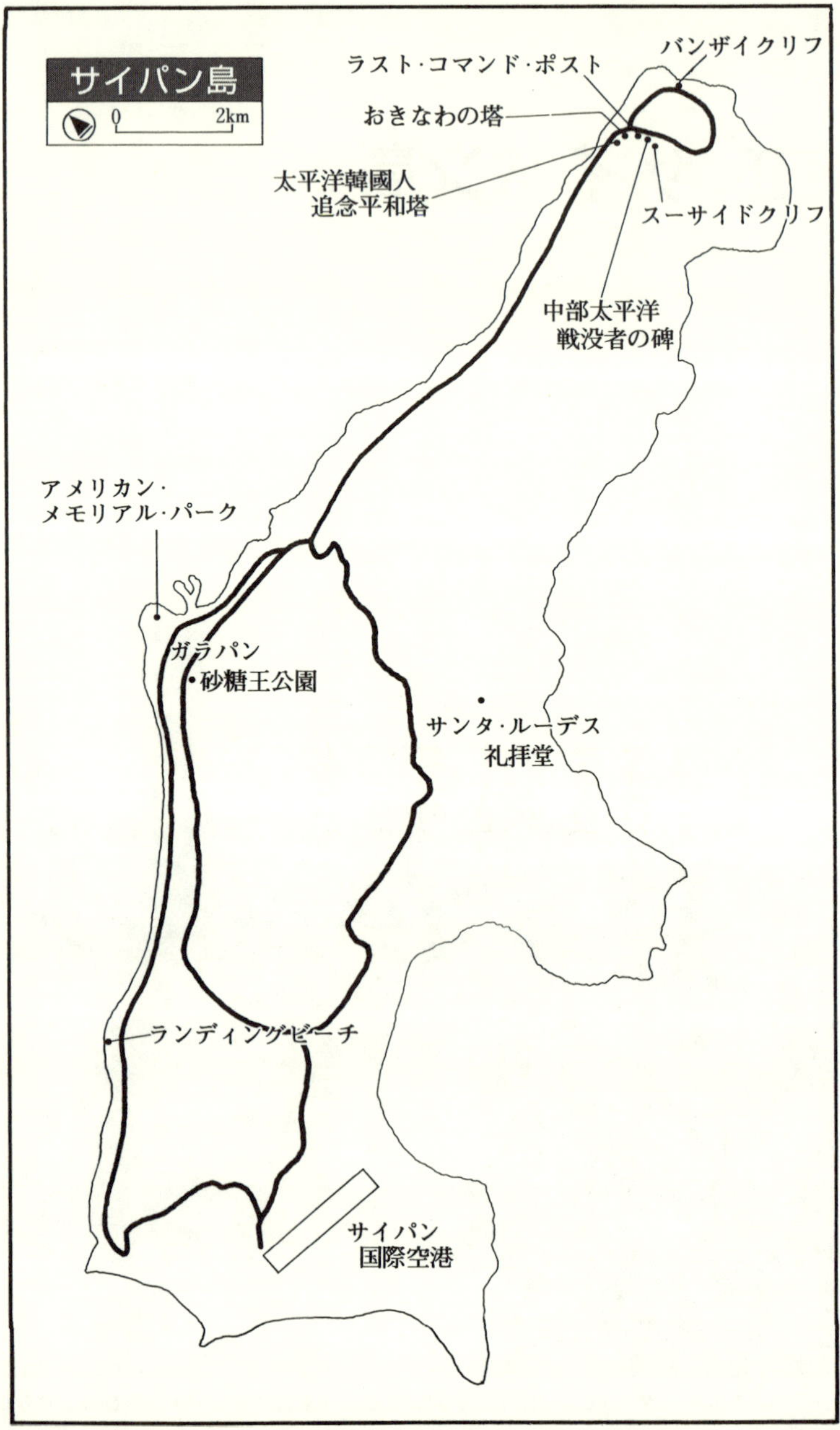
サイパン島
0
2km
バンザイクリフ
ラスト・コマンド・ポスト
おきなわの塔
太平洋韓國人
追念平和塔
スーサイドクリフ
中部太平洋
戦没者の碑
アメリカン・
メモリアル・パーク
ガラパン
砂糖王公園
サンタ・ルーデス
礼拝堂
ランディングビーチ
サイパン
国際空港

1　繁華街ガラパンを見て歩く

＊「南洋の東京」はアジア人街に変身

サイパン島は、グアム島と並んで、日本から最も近い海外のトロピカル・アイランドである。コンチネンタル航空で関西国際空港を飛び立って、三時間二十分ほどでサイパン国際空港に到着する。入国管理のカウンターは、日本人ばかり長蛇の列。子どもづれの家族もあるが、若者のペアやグループがグアム島よりも多い印象である。若い女性だけのグループも目立つ。

空港の建物は、急勾配《こうばい》の屋根が特徴の民族調。外に出ると、アロハ姿の日本人観光業者が多数、お出迎え。チャモロ人の観光業者も堪能《たんのう》な日本語で予約客をさばいている。この島の観光は、グアム島同様、日本人が圧倒的な存在であることが空港内外の風景ですぐに読み取れる。

多くの外国人旅行客は、まず空港から、島の中西部にある中心街ガラパンに向かう。ここには、ホテル、レストラン、ショッピングセンターなどの観光関連施設が集中している。空港からは、北に向かって車で二十分ほどの距離にある。

屋根を民族調にしたサイパン国際空港。訪れる観光客の多くは日本人だ

海辺沿いの第一ホテル・サイパン・ビーチの周辺には、日本食レストランのほか、クラブ、ゲーム店、ディスコ、マッサージ店などの風俗店が密集し、日本語の看板が乱立している。「指圧」の看板がやたら多い。その名もズバリ、「エロ免税店」という大人の店もある。

「お兄さん、マッサージ、どうですか」。通りを歩いていると、ややたどたどしい日本語で若い女性が次々に言い寄ってくる。彼女たちは大半が、中国本土からやって来た中国人である。マッサージ店は中国人女性、クラブはフィリピン人女性の従業員が多く、他に韓国人女性やロシア人女性を置くクラブもある。付近を歩く客の大半は日本人。先住のチャモロ人やカナカ人の姿はめったに見かけない。グアム島の友人から聞いた「南洋の歌舞伎町」という表現がぴっ

主に日本人向けのレストラン、クラブなどが並ぶガラパンの歓楽街

たりの場所である。

ガラパンは、一九一四年から四一年までの日本統治時代も南洋随一の繁華街だった。日本の政府機関、南洋庁サイパン支庁をはじめとする官公庁、デパート、映画館、公会堂、新聞社などが軒をつらねていた。一九三六（昭和十一）年時点で四十七軒の料亭、三十一人の芸妓、二百四十六人の酌婦がいたという。夜になると、花街から芸者の鳴らす三味線の音が流れ、女性や酔客の嬌声が夜遅くまで聞こえていたという。

一九三九（昭和十四）年に南洋庁が出した「南洋群島現勢」では、「凡ゆる文化的設備が整へられ、その他、産業施設、衛生設備、社会事業、警察行政に於て、全く内地と異るところがない」と記されている。当時、ガラパンは「南洋の東京」と呼ばれた。その「日本人街」が、

砂糖王公園内に建つ松江春次の銅像

いまは日本人観光客を主なターゲットとする「アジア人街」になっている。

✵「砂糖王国」の跡

ガラパンには、一九一四年から三十年間にわたる日本のサイパン統治時代をしのばせるスポットがいくつかある。一つは、砂糖王公園（シュガー・キング・パーク）。マホガニー、ヤシ、南洋マツなどが生い茂る公園のまん中には、かつて「砂糖王」と呼ばれた松江春次の銅像が立っている。基台が五メートルほど、立像は二メートルほどあって、高くそびえ立っている。背広の下にチョッキを着込み、左手をズボンのポケットにつっこんだ威厳ある壮年期の松江である。像の裏には「昭和九年七月吉日」とあるから、松江がまだ元気なころに建てられたものであることがわかる。像の左首下に小さな穴が二つ開いている。戦時中に銃弾でも撃ち込まれたのだろうか。

「砂糖王」と呼ばれた松江春次（北マリアナ諸島博物館に展示の写真より）

松江は、第一次世界大戦後の好景気で大会社に成長した新高製糖の常務のいすを捨て、東洋拓殖の投資で一九二二（大正十二）年に誕生した南洋興発の専務、続いて社長に就任した。以来、南洋諸島の製糖事業に専念。沖縄を中心に日本各地から移民を積極的に募り、サイパン島で四千町歩、テニアン島で七千五百町歩の畑を開墾した。テニアンは、台湾の屏東をしのぐ砂糖生産地となり、南洋庁は出港税収入の増加で、一九三二年に財政黒字を達成した。

南洋興発はその最盛期の一九四二年、従業員とその家族が五万人を超える大企業だった。同社は、大陸の旧満州にあった南満州鉄道に例えられ、「海の満鉄」とも称された。

南洋興発の事業成功は、この両島を「日本人の島」に変えた。サイパンはもともと先住のチャモロ人とカロリン人が住む島だった。一九一四年の統計では、チャモロ人は千三百十一人、カロリン人は千三百六十一人で、日本人はたった三十人。それが、一九二〇年にはチャモロ人が千七百九十六人、カロリン人七百六十五人に対し、日本人は千六百九十人と、

南洋興発がサトウキビ運搬用に使っていた蒸気機関車

チャモロ人に匹敵する数になった。その後も日本人は急増し、四三年には二万九千三百四十八人に膨れ上がった。この年、チャモロ人とカロリン人は合わせて三千九百二十六人だったから、先住民の七倍強の日本人が住んでいたことになる。

砂糖王公園の入口付近には、黒と朱に染められた小型の蒸気機関車が展示されている。南洋興発の全盛時代、サイパン、テニアン両島にサトウキビ運搬用の鉄道路線が敷かれていた。太平洋戦争でサトウキビ畑もレールも破壊され、島にはもう鉄道の痕跡は見あたらない。戦闘終結後、この場所にあった消防署の署長が日本人の労力も使って、放置されていた機関車をこの場所に据え付けた、と記念碑に説明文がある。

✱日本の病院跡は博物館に改造

親善、友好などを祈念して再建されたサイパン香取神社

砂糖王公園の奥には、簡素な神殿と鳥居が建っている。サイパン香取神社である。この香取神社は一九一一年に創建されたが、四四年に戦火により炎上。その四十年後の八四年、香取神社連合会と北マリアナ政府が、親善、友好などを祈念して再建したものである。

香取神社の手前には、両手を合わせる地蔵を上に据えた「サイパン平和記念碑」が建っている。サイパン平和祈念碑奉賛会が一九六九年に建てた平和地蔵尊である。

松江の銅像近くの大木の下で、ジーンズのつなぎを着た高齢の白人男性が缶ビールを飲んでいた。かつて米軍に勤務していたという退役軍人のアメリカ人で、松江像について尋ねると、「彼は日本時代の知事で、『スーダ』という男だ」というピントはずれな答えが返ってきた。しかし、無理もない。

日本統治時代の病院を改造して作られた北マリアナ諸島博物館

松江の銅像は「松江春次氏像」などと日本語で書かれているだけで、英語の説明文はどこにもない。香取神社については、「住民の破壊行為を除けば、オーケーである。日本人が賽銭を入れても、賽銭箱を壊して金を盗む奴がいる。地元住民は不正直だ」と酔っぱらった口調で言った。

公園の道路をはさんで反対側には、日本統治時代に使われた病院と刑務所の跡がある。病院跡は改造、整備されて、九八年から「北マリアナ諸島博物館」になっている。入場料は、大人三ドル、学生一ドル。中には、スペイン統治時代、マニラとアカプルコの間で続いたガレオン貿易で、一六三八年にサイパン沖で難破したヌエストラ・セニョーラ・デ・ラ・コンセプション号から拾われた壺、日本統治時代、サイパンに住んでいた在留邦人のポートレート写真、病院内の風景写真などが展示されている。サトウキビのコーナーもあり、南洋興発のはっぴや同社社長の松江春次の写真などが展示されている。

2「玉砕」の跡

✳日本人軍民五万人以上が戦没

サイパン島は、戦争を体験した世代にとっては「玉砕の島」という印象が強いだろう。

サイパンは、ガダルカナルに始まる米軍の反攻を受けて、一九四三年九月の御前会議で決められた絶対に死守するとの防衛ライン「絶対国防圏」の中心的拠点だった。このため、防衛、反撃のための兵力増強が行われ、陸海軍合わせて四万三千人強もの守備隊が配備された。総指揮官は、ハワイの真珠湾攻撃で名をはせた中部太平洋方面艦隊司令長官の南雲《なぐも》忠一・海軍中将である。

当時、サイパンには民間人も二万人以上居住していたと言われる。南北十九キロメートル、東西十キロメートル足らずの小さな島に、一時は六万人以上の日本人がひしめき合っていたことになる。一九四四年六月の日米の激戦で、日本兵は四万一千人、民間人も一万人前後が犠牲になっ

「大東亜戦々殁殉難者招魂碑」（手前）と「戦没日本人之碑」（奥）

た。「玉砕の島」と言われるゆえんである。

彼らの死を悼む場所がサイパンには多数ある。一番古いと思われるのは、島南部のマウント・カーメル大聖堂のすぐ近くの道路沿いの一角に立つ、高さ二メートルほどのコンクリート碑「大東亜戦々殁殉難者招魂碑」。終戦から一年もたたない一九四六年六月に日本人残留者一同が建立した、と碑に刻まれている。この島に多数ある日本の慰霊碑の中で、「大東亜戦」と記しているものは他には目にしなかった。終戦後もまだ米軍キャンプにいた在留邦人が建てたものと思われる。

そのすぐ横に「戦没日本人之碑」と刻まれた、楕円《だえん》形の御影石《みかげいし》の小さな碑がある。日本政府在サイパン駐在官事務所の境田紀代志領事の調べによると、これは一九五三年、日本政府が戦後、この島に設けた最初の慰霊碑で、刻まれた文字は当時の首相の吉田茂が書いたものだ。

日本の官民による慰霊碑は、サイパン島の北端部に集中してある。島南部から上陸した米軍に追われ、逃げ場を失って自決した軍人や民間人が多い場所だからである。

ガラパンでレンタカーを借り、北に向かって車を走らせる。人家が切れる場所に来ると、両側の沿道は「タガンタガン」というマメ科の灌木《かんぼく》で覆われている。タガンタガンは、戦時中の爆撃でえぐれて荒廃した土地を緑化するため、米軍がタネを空中散布したものと言われる。この植物は、地元住民の間で評判が悪い。繁殖力が強くてどこにでも繁茂するが、人間に有用な実をつけない。放牧中の牛がこの葉を食べると、消化不良を起こすという話も聞いた。この一帯は、日本統治時代は日本人が栽培したサトウキビ畑が広がり、この島に富をもたらしていたはずだ。

島の北端、サバネタ岬は、現地で別名「バンザイ・クリフ」と呼ばれる。太平洋戦争末期、米軍に追いつめられた在留邦人が「ばんざい」を叫びながら、この岬の崖から次々と海に投身し、「集団自決」したことに由来する。自死した日本人の数は定かではないが、一説に千人とも、千五百人とも言われる。

崖沿いにはいま、忠魂碑、鎮魂碑など、四十以上にのぼる慰霊の碑や塔が列をなして建っている。遺族会、市民団体、労組、寺院など日本のさまざまな市民やグループが、犠牲者の死を悼み、鎮魂を祈願している。宗教法人、日本釈尊正法会が建てた「サイパン平和観音」という大きな石

慰霊碑や鎮魂碑が多数建つバンザイ・クリフ

像もある。また、ダイビングクラブなどの手によって、この近くの海底（水深二十メートル）にも平和記念の碑が建てられている。最近建てられたものもあるが、全体に一九八〇年代に建立されたものが多い。

　サバネタ岬の背後は、マッピ山という標高二百五十メートルほどの山。岬は高さ三、四十メートルの絶壁で、前方にはエメラルド色の海が広がる。

✴岬と崖で「集団自決」

『中日新聞』と『東京新聞』が一九七八年に連載した「烈日サイパン島」によると、この岬では手榴弾による自死も多発した。この連載は、以下のように、「集団自決」の模様を描いている。

マッピ山中腹にあるスーサイド・クリフ

「そこは広場になっていて、およそ三百人くらいの民間人が群がっていた。人々は、ここを死に場所と決めているのか、少しも騒がなかった。もっと不思議なのは山の上にいるアメリカ兵だった。いささかの敵意もなく、みんな困ったような顔をしていた。

『みんな、こちらへきなさい。死んではいけません。こちらには水も食べものもあります』

アメリカ兵の困惑は、つぎつぎに投身自殺をしていく日本人を止めることのできないもどかしさなのである。

時間がまだるっこく通り過ぎ、夕暮れになって、悲惨な時間が突然やってきた。広場のあちこちで子供の『ギャッ』という悲鳴や鈍い手榴弾の爆発音がしきりにしはじめた。子供を殺して死ぬ両親、車座になって手榴弾で自爆する一家がふえはじめたのだ」

マッピ山の中腹にも、日本人の「集団自決」現場がある。「スーサイド・クリフ」(自殺の崖)と呼ばれる。高さ約二百メートルの切り立った崖の上からは、眼下に緑のジャングルと真っ青な海が見下ろせる。ここも、今や「バンザイ・クリフ」と並んで観光スポットの一つ。この付近にも多数の慰霊碑が立ち、菩薩と十字架を一体にした「平和慰霊像」も建てられている。国籍を問わず、戦争で亡くなった人の霊を慰める趣旨からである。

米軍に追いつめられた日本兵がここで多数、飛び下り自殺した。今はもう遺骨は回収されているが、当時は日本兵の死体の山が築かれていたという。

米軍は一九四四年六月十五日、サイパン島南西部のチャランカノア、オレアイ海岸に上陸を開始したが、短期間のうちに島の北端まで占領し、上陸から二十四日後の七月九日にターナー提督は「サイパン占領」を宣言している。

島北部の道路沿いに、慰霊塔と慰霊碑が三つ、並ぶように建っている。一つは「太平洋韓國人追念平和塔」。戦前、サトウキビ栽培や製糖事業に従事した人たちの中には、当時、日本統治下にあった朝鮮半島の人々も多かった。平和塔は、彼ら「朝鮮人愛国者」の鎮魂を祈願するためのものだ。ここには、ハングルと英語で記された碑文がある。碑文には、日本企業に連れてこられて結局、祖国に戻れなかった朝鮮人の悲しみがにじんでいる。

「どれだけ多くの人々がかつて父の土地から奪われたか。決して帰ることはなかった。彼らの魂は、苦い嘆きとともに眠っている」

私が訪ねたとき、ちょうど韓国人観光客の一団がお参りにやってきた。彼らは平和塔の前に立つと、ガイドの発声で、一斉に黙祷を捧げた。

もう一つは「おきなわの塔」。戦前、サイパンのサトウキビ労働者は、南洋興発の方針もあり、暑い気候とサトウキビ栽培に慣れた沖縄からの労働者が最も多かった。塔は、沖縄がまだ米軍統治下にあった一九六八年に琉球政府が建てたものだ。碑文は「南洋群島において戦没した沖縄出身将兵及び住民並びに大戦前南洋開拓の途中に死没した同胞の英霊に謹んでこの塔を捧げます」と記す。

「太平洋韓國人追念平和塔」の前で
黙とうする韓国人観光客

当時の時代状況から察するに、この文の「同胞」は沖縄出身者を意味するものだろう。「おき

日本軍最後の司令部「ラスト・コマンド・ポスト」の内部

琉球政府が沖縄出身の犠牲者を悼んで建てた「おきなわの塔」

日本政府と太平洋諸島信託統治地域政府が建てた「中部太平洋戦没者の碑」

なわの塔」のすぐ近くの岩場に、日本軍が最後にたてこもった司令部「ラスト・コマンド・ポスト」がある。大きな岩の下部に直径一メートルほどの穴が開いていて、中に入ってみると、高さ二メートル余り、八メートル四方ぐらいの広間になっている。天井のコンクリートは一部はげ落ちて鉄骨がむき出し。爆破されたためか、壁面二カ所には大きな破壊口が広がっていた。

最後の慰霊碑が、最も大きな「中部太平洋戦没者の碑」。中部太平洋の諸島や海域で戦没した人々をしのび、一九七四年に日本政府と太平洋諸島信託統治地域政府が建てたものだ。祭壇の下には花輪が捧げられていた。

✴日本の戦後世代と現地住民の歴史認識摩擦

「おきなわの塔」の付近で、不愉快な光景を目にした。日本の中年男性三人組が中国人とおぼしき地元の若い女性を伴い、卑猥《ひわい》な会話に興じながら、げらげら笑い合っていたのだ。そして、塔の前で、男女が抱き合い、Ｖサインをしながら記念撮影をした。沖縄移民の中には、戦時中、この付近で、鎌で自分の娘の首を切ったあと後を追った人もいたのである。彼らの遺族がこの光景を見たら、何と思うだろうか。

かつて日本政府サイパン駐在官事務所で領事をしていた土屋洋作から、こんな話を聞いたことがある。

日本語が話せる年配のタクシー運転手が、日本の新婚カップルを乗せて島の戦跡をいくつか案内した。ところが新郎は、「オレたちは戦争の暗い話を聞きに、こんなところに来たんじゃない」と吐きすてるように言ったという。太平洋戦争中、サイパン人四百十九人も犠牲になった。その痛みを忘れない運転手は「もう日本の若者は案内しない」と怒っていたという。

こんな地元住民と日本人観光客の「歴史認識摩擦」は、一九八〇年代ごろまでしょっちゅうあったという。地元の観光事情に詳しい年配の在留邦人からは、こんな話を聞いた。

彼が二十年余り前、サイパンに赴任したころ、観光ガイドの大半は戦前、戦中に日本語教育を受けた現地住民。当時は、観光といっても、バンザイ・クリフなどの戦跡めぐりぐらいしかない。若い日本の観光客がやってくると、こうした場所を案内して、「あんたたちがここに来れるのも、ここで亡くなった人たちのおかげ」といい、「海行かば」など戦時中の歌を歌ってみせる。観光客

戦車の残骸の上に乗って記念撮影する観光客（「ラスト・コマンド・ポスト」の近くで）

が「そんな歌は知らない」と言うと、ガイドは「あんたらは非国民だ」と怒り出す。

私も、現地のお年寄りと日本の若者の意識のギャップを感じたことがある。一九八四年夏、私は松下電気産業労働組合の「青年の船」に同乗し、サイパン島を訪問した。その際、バンザイ・クリフやスーサイド・クリフなどを視察して、バスでガラパンに帰る途中、バスの中は若い労組員の歌声に包まれた。その曲の一つが、全共闘世代にはおなじみの「戦争を知らない子どもたち」。負けじと、地元の男性バスガイドが歌い始めたのが、「ここはお国の何百里……」。日本の若者にはもうなじみのない日本の軍歌だった。

✷叩き込まれた皇民化教育

サイパンの年配者が軍歌をはじめ日本の戦前、戦中の歌を歌えるのは、彼らが日本の教育システムのもとで帝国臣民に同化させる「皇民化教育《こうみんか》」を受けたからだ。三十年間にわたる日本統治時代、在留邦人の子どもは日本人小学校で、チャモロ人ら現地住民は「公学校」で勉強した。

その公学校で勉強したことのある年配のチャモロ男性に会った。北マリアナ政府の財務局で二十年以上勤め、今は名鉄系のサイパン・グランド・ホテル取締役のヘスス・サブラン（七一）。兄の故ビセンテ・サブランは、サイパン市長だったこともある有名人である。

ヘスス・サブランは戦前、本科に三年、優秀な子どもだけが進学できる補習科に二年の計五年、ガラパン公学校に通った。公学校での教育はすべて日本語で、国語の時間には漢字も覚えさせた。このため、サブランは今も流ちょうな日本語をしゃべる。公学校で行われたのは、日本の現地住民同化政策に基づく教育である。

「ボクらはカトリック教徒だけど、毎朝、サイパン神社にお参りに行ってから学校に通った。学校では教育勅語を暗唱させられた。今でも言えますよ。『朕《ちん》思うに、我が皇祖皇宗《こうそこうそう》……』ってね。日本の歌もずいぶん知ってますよ。『勝ってくるぞと勇ましく』とか『海行かば……』とか。卒業式で歌ったのは『仰げば尊し』。往復ビンタはボクも何回かやられた。先生は『みんなが良くなるように』ってやるんだよ。でも、日本の教育を受けてありがたい、と今でも思っているよ」

小学校は日本人のための学校だったが、サイパン人もときに入学できた。しかし、その際には子どもたちは日本名への改名を余儀なくされた。例えば、ビセンテ・サブランは「備前三郎」と名乗った。

日本統治時代などについて語るヘスス・サブラン

学校が終わると、日本の子どもたちとも遊んでいたというヘスス・サブランだが、戦争が勃発して日本軍が進駐してからは、現地住民と日本人との関係はぎくしゃくしてきたという。
「戦争が始まってから、日本人はちょっと変わったよ。何やってもボクら黙ってたんだ。チャモロも怖いから。日本人となるべく会わないようにしたよ。戦争をするのがいやな日本人もいましたよ。

新聞を読んで、アメリカには勝てないとわかっている者もいたから」

一九四四年六月十五日、サイパン島南西部の海岸から米軍の上陸が始まると、地元住民は畑や山に避難した。サブランの一家も畑やジャングルで約二週間、逃亡生活を送り、島北部の山中で米兵に捕まった。

戦後は米海軍やバンク・オブ・アメリカでも働くなど、アメリカ人たちと英語で仕事をしてきたサブランだが、幼いころに受けた皇民化教育は骨の髄《ずい》まで染み込んでいるようだ。

「戦後、政府の仕事などで、もう五十回くらい日本に行った。宮城《きゅうじょう》（戦前は皇居をこう呼んだ）にも三回くらい行ったけど、そこでは最敬礼しますよ」

日本時代をなつかしむサブランとずっと日本語で話をしていて、私は年配の日本人としゃべっているような錯覚にとらわれた。グアム島やマーシャル諸島と違って、北マリアナでは戦時中、日本軍による住民の虐殺など暴虐行為が起きなかった。そうした歴史が、この地域の戦中世代を「反日」にしなかったように思える。

サブランは、戦前の日本の教育は、日本人とチャモロ人ら現地住民に対しては「区別があった」と言った。「ボクらは戦陣訓は教わらなかった。そのへんが良かったんだ」という。その一方で、補習科以上の上級学校進学の道は現地住民にはほとんど開かれていなかったという。

『ハファダイ』という北マリアナの月刊情報誌が九四年八月号で「南の島の日本史」という特集

を組み、公学校で学んだ経験のある二人のサイパン人が対談している。そこで、日本の小学校や商業高校でも勉強したことのあるホワキン・サブランは「皆に分かってもらいたいのは、軽蔑だけは絶対しないようにしてもらいたいですね。そして、もうひとつは、恩を忘れないということです。それから戦争だけは二度と御免です」と発言している。

地元住民に対する日本人の差別、戦時の苦しい体験がにじみ出た発言である。サイパン人は親日家、とは単純に考えない方がいい。

✳聖母マリアの祠の来歴

サイパン島中部の山中には、「聖母マリアの祠」という名所がある、と日本の観光ガイドブックに記されている。そのいわれは「日本統治時代に神道教育を強制されたキリスト教徒が隠すように安置したもの」とそのガイドブックは説明している。

チャモロ人ら先住民の圧倒的多数は敬虔《けいけん》なカトリック教徒だが、日本統治時代にはそうした宗教弾圧があったのだろうか。ヘスス・サブランから「毎朝、神社にお参りしても、公学校を終えたら、カトリック教会に通っていた」という話を聞いていたから、日本統治時代の「隠れキリスト教徒」は疑問に思えた。

「とにかく行ってみよう」。そう思って、現地にレンタカーを走らせた。祠は、島の中央部を縦

アス・テオ村の山中にあるサンタ・ルーデス礼拝堂

断するクロス・アイランド・ロードから脇道に入ったひなびたアス・テオ村の中にあった。大木の根が何本も垂れ下がる大岩の壁面の一角に窪みがあり、そこに高さ五十センチほどのマリア像がまつられていた。像の周りには白い花輪がかけられている。祠の周囲には大木が生い茂って日陰になっており、神秘的な雰囲気に包まれている。

祠の前には木イスが四つ並べられ、お祈りができるようになっている。ここのいわれを記したものは何もない。そこで、敷地のすぐ隣の民家にお邪魔してみた。

元北マリアナ政府職員のペドロ・ボルハ（六五）が自宅にいて、話を聞くことができた。それによると、この祠は「サンタ・ルーデス礼拝堂」といって、もう亡くなっている父親のビセンテ・ボルハらが生前、地元の神父の許可を得て、一九四九年に設けたものだという。戦後できた祭壇であって、日本統治時代には何もなかったという。

なぜここに設けたかというと、地中から湧き出す水が「聖水」で、この水を飲むと、病が治ったり、痛む箇所に水をつけると治癒するのだという。もう一度、祠に戻ってよく見ると、確かにすぐ近くに井戸があった。ちょうど地元の少年が空タンクを手に井戸水をくんでいる最中だった。

「北マリアナではもう有名になって、毎日、バスが来て、観光客が写真を撮っている。グアム島からお参りに来る人もいますよ。観光場所になって、私たちも喜んでいます」

ボルハは顔をほころばせながら語った。

観光ガイドブックの説明を鵜呑《うの》みにはできない。

＊戦死者全員の名前を刻む米国記念公園

サイパン島における日米の戦闘では、米軍側にも多数の犠牲者が出た。彼らの死を悼む場所も島内にはある。一つは、米軍が上陸した島南西岸のランディング・ビーチ近くに建つ、高さ三メートルほどの記念碑。碑の上には十字架が設けられ、その上に兵士のヘルメットがかぶせられている。銅板の碑文には、一九四四年六月十五日の上陸作戦から七月九日の占領宣言までの間、米軍は陸軍、海軍、海兵隊合わせて百九十五人の将校と二千九百四十九人の兵士が殺害された、と記されている。一九六〇年に米海軍が建立した。

米軍上陸地に建てられている米兵慰霊の記念碑（右）とサイパン人慰霊の記念碑

この碑のすぐ横には、戦時中、犠牲になった原住サイパン人のための記念碑が建っている。米軍のものよりも二メートルほど高く、頂上部にはやはり十字架が設けられている。この碑文によると、「第二次世界大戦中に命を落とした四百十九人のサイパン人の沈黙の英雄を記念し、敬意を表して、サイパンの人々が建てた」とある。米軍の攻撃で日本人とともに犠牲になった市民が多いだろうが、戦争末期、偵察兵などとして米軍に合流して日本軍相手に戦った地元住民もいたことから、その犠牲者も含まれているのかもしれない。サイパン人犠牲者のためだけの慰霊碑は、私が見た限り、サイパン島ではこれだけだった。

二つの碑の前に広がるランディング・ビーチを歩いてみた。海岸には一部、歩道橋が設けられている。南洋マツが生い茂る浜辺には、もはや戦争の痕跡はどこにも見あたらない。コバルトブ

米国の国旗や軍旗がたなびくアメリカン・メモリアル・パーク

米兵犠牲者全員の名前を刻むアメリカン・メモリアル・パークの石碑

ルーの海の向こうには、ラグーンの白波がたち、潮騒が聞こえるだけだった。

米軍の犠牲者をまつる場所はもう一つあった。ガラパンの郊外にある「アメリカン・メモリアル・パーク」（米国記念公園）である。広大な敷地の公園で、並木がよく整備されている。ジョギング、サッカーなどスポーツを楽しむ市民の憩いの場にもなっている。

公園の奥には、星条旗とともに、北マリアナ侵攻作戦に従事した米海兵隊と陸軍の師団の旗もはためいている。ここには、サイパン、テニアンの戦いで亡くなった米兵一人ひとりの名前が刻まれた台石がある。海兵隊は二千百四十人、陸軍は千八百二十四人、海軍は五百五人、陸軍航空部隊は二十人で、師団ごとに犠牲者の名前を記し、冥福を祈っている。マリアナ諸島で日米の戦闘が終結してから五十周年の一九九四年七月に米政府が中心になって建てたものだ。

サイパン戦では、軍人、民間人合わせて五万人を超える日本人が命を失ったが、彼ら一人ひとりの名前を記す記念碑はどこにもない。戦後、北マリアナを支配下に置いた戦勝国と敗戦国の違いと言ってしまえば、それまでだが……。

3　コモンウエルスの実態

✳自治権だけはある米国領

サイパンは年間、四十万人近い日本人観光客を受け入れるリゾート地だが、これが独立国なのか、アメリカの領土なのか、または植民地なのか、正確に知っている日本人はそう多くはないだろう。

サイパン島は、テニアン島、ロタ島など計十四の島々からなる北マリアナ諸島の一部である。「北マリアナ自治領」という言い方もある。この名称からもわかるように、北マリアナは独立国ではない。自治権は有するが、防衛権や外交権は米国に委ねる米国の自治領である。英語では「コモンウエルス」といい、西インド諸島のプエルト・リコなどと同じ政治的地位にある。

といっても、戦前から米国の領土だったわけではない。この地域の歴史を簡単に振り返っておこう。

北マリアナは十六世紀にスペインが「発見」して以来、領有を主張し、グアム島とともに統治した。しかし、スペインは米西戦争で敗れ、九九年に北マリアナはマーシャル諸島などとともにドイツに売却された。第一次世界大戦が始まった一九一四年には日本が占領し、二九年に国際連盟による日本の委任統治領になった。第二次大戦中は日米の激戦地となり、米国が勝利して四四年に占領した。翌四五年、大戦は日本の敗戦をもって終わり、その二年後、ミクロネシアは米国を施政国とする国際連合の信託統治領になった。ミクロネシア全体を統括する信託統治政府は、サイパン島に置かれた。

七五年六月の住民投票で、米国自治領（コモンウエルス）への移行と統一ミクロネシアからの離脱を決定。七六年三月、米国と政治的に提携を深める「北マリアナ諸島自治領」樹立の盟約に調印した。

盟約の骨子は以下の四点からなっている。

一、北マリアナ諸島は、米国の主権下で自治政府を樹立し、諸島民はアメリカの市民権を得る。

二、諸島の外交および防衛に関するすべての責任と権限は米国側にある。

三、諸島は米国の計画する軍事施設の建設と利用を例外なく認める。

四、米政府は自治領政府に対して、最初の七年間について年間千四百万ドルの財政援助を行う。

また、軍事施設の借地代として年間千九百五十二万ドルを支払う。

米国から経済援助を受け、市民権も得る代わりに、外交や防衛の権限をすべて米国に委ねる。つまり属領になることを記した文書である。

北マリアナは七七年十月、翌七八年一月からの内政自治を定めた憲法を制定した。その後、八六年十一月、米国自治領に移行し、レーガン米大統領（当時）が住民への米市民権の付与を宣言した。国連安全保障理事会は九〇年十二月、信託統治の終了を決議した。

立候補者のポスターやパンフレットを手に投票を訴える選挙運動員（ガラパンで、1993年11月6日撮影）

✷選挙争点は「日本問題」と「米国問題」

私は、それから三年後の九三年十一月、北マリアナの行政トップである知事と上下両院の議員を決める総選挙を取材したことがある。候補者のポスターが町中に張られ、ポスターを手に最後のお願いをする選挙運動員の姿もあちこちに見られた。共和党と民主党という二大政党が争うのは、本場の米国と全く同じである。

知事選挙は結局、現職のロレンソ・ゲレロ（共和党）が、元米国駐在代表のフロイラン・テノリオ（民主党）に大敗し、十二年の共和党自治にピリオドが打たれた。

この選挙の争点は、この地域の地政学を反映して、「日本問題」と「米国問題」だった。「日本問題」とは、自治連邦政府がその三年前に日本の大企業から大規模発電機を購入した際に議会の承認を得ていなかったことである。ゲレロ知事には、日本企業から不正手数料をもらっていたとの疑惑がとりざたされ、九二年十月には北マリアナの下院に知事弾劾特別委員会が設置された。これは、テノリオ陣営にとって、格好の攻撃材料となった。

「米国問題」は、無制限に近い外国人労働者の受け入れが米国で強い批判を招き、自治政府への第三次財政援助の法案がその時点で米下院を通過していなかったことである。北マリアナは当時、年間予算の一〇数％を米国の援助に頼っていただけに、米国との関係悪化は、ゲレロ知事にとって、致命的な失点となった。

九八年一月からは、フロイラン・テノリオのいとこのペドロ・テノリオ（共和党）が知事を務めている。

＊膨張する外国人労働者

サイパン島を訪れて驚くことの一つは、外国人の多さである。ホテルやレストランの従業員は九割方、フィリピン人。ガラパンに多い日本食レストランに入っても、板前もサービス係もフィリピン人だった。店内にはフィリピーノ語のヒットソングが流れていた。在サイパン・フィリピン領事館の話では、観光客の急増でホテルなどの建設ラッシュが続いた一九九二年までは二万三千人以上のフィリピン人がサイパン島に滞在した。今でも約二万人のフィリピン人が滞在している。

他にも、中国人や韓国人が多い。一九八六年ごろから韓国、香港など外国資本の衣料縫製会社が次々とサイパンに進出し、私が訪れた九三年の時点では二十四社の工場で約六千人が働いていた。二〇〇一年に再訪した時には、三十一工場で一万六千～七千人（サイパン衣料縫製協会調べ）が働いていた。工場労働者は、中国人が約一万人と最も多く、他に韓国人、タイ人、スリランカ人ら、アジア人労働者が圧倒的多数である。

北マリアナ政府の調べでは、一九九九年の北マリアナの推定人口は七万九千四百二十九人。このうち、米本土からの移住者を含む現地住民は三万七千七百九十三人で、全体人口の半数以下である。労働人口（十六歳から六十四歳まで）に限ってみると、現地住民一万四百二十八人に対し、外国人は三万五千七百五十五人。労働者は、外国人が現地住民の三・五倍もいるのである。

これほど外国人過多の島は、太平洋広しといえども、サイパンをおいて他にない。同島在住の中華系フィリピン人実業家、ジェリー・タンが指摘するように、「フィリピン人は教育レベルが高く、英語ができ、技術を持っているから、就業のいいチャンスを持っている。フィリピン人や中国人や韓国人がここにいなければ、島の経済は崩壊する」というのが実情だ。

なぜ、こんなに外国人が増えたのか。北マリアナ政府は出入国管理の権限を有していて、外国人が入国の際には入国許可を与えるだけで、米国のビザを必要としない。入国許可で最低一カ月滞在でき、その間に雇用契約を結び、労働許可を取得すれば、一年以上の滞在が可能になる。チャモロ人ら先住民の多くは政府機関に勤めており、賃金の安いサービス産業や縫製工場では働きたがらない。このため、島の経済力向上のためには外国人労働力が必須で、入国審査もいきおい甘くなりがちだ。

一九七七年からサイパンに在住し、島の事情に通じる教育コンサルタントのアメリカ人、サムエル・マフェトレス（六二）によると、日本人ヤクザのほか、中国や韓国のマフィアも入国し、売春、違法ギャンブルなどの犯罪に手を染めているという。

＊問題化する縫製工場労働者の人権

この外国人問題が、ここ何年か、北マリアナ政府と米連邦政府の間で摩擦のタネになっている。米政府側には、サイパンがアジア人労働者を低賃金で使って、安価な製品を米国に輸出し、米国の繊維労働者の雇用の場を奪っているとの認識がある。法定の最低日給は、米本土が五ドル十五セントなのに対し、北マリアナは三ドル五セントにすぎない。縫製工場の労働者の大半は、この最低賃金で雇用されているとみられる。さらに、米国領だから、米国向けの輸出は無関税で、数量制限も加えられない。「メイド・イン・ＵＳＡ」のブランドも使える。米国の繊維組合は、サイパンの低賃金労働のせいで、「アメリカ人二十万人が職を失った」と主張している。

サイパン島で加工された繊維製品は九九年には約十億ドルが輸出された。九〇年代の産業統計をみると、この業種が常にＧＤＰ（国内総生産）の一八％前後を占めている。ホテル業でも六％強ぐらいだから、単一業種としては抜きん出ている。観光と並んで、北マリアナの基幹産業といっていい。縫製産業は税金支払いなどで、九九年の北マリアナ政府の収入の三四％を潤している、とサイパン衣料縫製協会は試算している。

縫製会社の経営者は、香港人、台湾人、韓国人、アメリカ人らだが、工場での労働実態のひどさが一時、国際問題になった。労働者が堕胎を強制されたり、低賃金で十二時間労働を強いられたりしたとして、一九九九年一月、アジアからの労働者や人権団体が米有力衣服メーカーや大規模小売店十八社を相手取り、計十億ドル以上の損害賠償などを求めてサイパンとカリフォルニア州の米連邦裁判所に集団訴訟を起こしている。

原告は、中国、フィリピン、バングラデシュ、タイから「高収入」を約束されてやってきた女性たち。工場では休日もなく、一日十二時間も働かされたうえ、狭い部屋に閉じ込められて工場からの外出も禁止された。月給は平均五百ドル以下で、妊娠がわかって追放されたり、中絶されたケースさえあったという。米ニューズウィーク誌（九九年二月三日号、日本語版）も、「南海のタコ部屋」と書いて拝金主義の工場経営者を批判している。

米国領土内での人権侵害に、米連邦政府は目をつぶるわけにはいかない。アジアをはじめとす

部外者はシャット・アウトの縫製会社の建物（サイパン島ミドル・ロード）

る発展途上国に対して常に民主主義とともに人権の重要性を説いている米政府のダブル・スタンダード（二重基準）は、国内外の批判にさらされるからだ。

九七年五月、米国のクリントン大統領（当時）は北マリアナのフロイラン・テノリオ知事（当時）宛てに強い懸念を伝える書簡を送っている。

「私は、我々の価値とは一致しない労働行為についての懸念から書いている。（一部略）最低賃金は明らかに不十分である。外国人労働者の不適切な処遇や不十分な彼らの権利の行使を示す事件が続いている。外国人労働者を使う製造業者は、米国旗のもとに不公平な競争をしている」

工場労働者の待遇はそんなにひどいのか。私は、サイパン島中西部のミドル・ロード沿いにある縫製工場を訪ねた。工場や従業員寮は金網フェンスに囲まれている。近くにいた工員と見られる若い中国人女性に英語で声をかけたが、手をふるだけで、ノーコメント。彼女たちの大半は中国の地方出身で、英語もほとんどしゃべれない。門番を通して工場の責任者に取材を申し込んだが、答えは「ノー」。各種メディアで取り上げられ、経営者が部外者に神経質になっていることがうかがえた。

米連邦議会には、北マリアナに与えている入国管理、最低賃金の権利を奪って、連邦化すべきとの意見がある。この法案は二〇〇〇年に米上院を通過したが、下院で意見が分かれ、審議が中断している。

ブッシュ新政権になり、北マリアナ当局や縫製産業関係者はこの問題の行方を神経質に見守っている。もし米国本土並の入国審査と最低賃金になれば、サイパンの縫製産業は壊滅的な打撃を受ける。さらには、世界貿易機関（ＷＴＯ）の論議で二〇〇五年には繊維製品の関税が大幅に引き下げられる見通しだ。このため、サイパンの縫製会社の中には、最低賃金のもっと安い中南米やアジアに工場を移す準備をしているところもある、という話も耳にした。

✷民族間摩擦も発生

北マリアナ政府は、縫製業に代わる経済振興策として、自由貿易地区創設構想を練っている。

サイパンの問題点を指摘するサムエル・マフェトレス

サイパン商工会議所のアメリカ人副会頭、リチャード・ピアス（五二）は「コンピューター部品など労働集約型産業の誘致を考えている。ここはアジア各国と時差がほとんどないので、インターネットビジネスのチャンスもある。日本企業にも進出してきて欲しい」と私に語った。しかし、自由貿易地区はまだあくまで青写真段階で、着工には至っていない。

「北マリアナの弱さは計画だけで、実行力がないこと。計画書はどれも実行に移されていない」

ガラパンに構える事務所でサムエル・マフェトレスはそう言って、本棚に積み上げた北マリアナ政府のぶ厚い多種の計画書を指さした。

サイパンにはいま五十六の国籍の人間が暮らしている。この十年間、急速に進んだ多民族化が民族間摩擦を招いている。北マリアナ短期大学で講師をし、地元の教育事情に通じるマフェトレスは「特にチャモロ人とフィリピン人の間で摩擦がある。チャモロ人には、フィリピン人が自分たちの職を奪っているとの被害者意識がある。それぞれに自衛のギャングがいて、時々、喧嘩が起きている」という。

外国人が外国人をだます事件も発生した。あるフィリピン人の運転手が、バングラデシュに行き、「ロサンゼルスで運転手ができる」と嘘をついて二百人ほどのバングラデシュ人をサイパンに連れてきた。一人あたり一万ドルのリクルート料をバングラデシュ人から徴収したフィリピン人運転手はすぐに逃亡して、行方をくらました。バングラデシュ人は今も多くがサイパンに居残り、人の嫌がるきつくて低賃金の職場などで働いている。そんな話を、マフェトレスが教えてくれた。

アメリカは属地主義のため、ここで生まれた外国人労働者の子どもたちは米国籍を取得する。北マリアナの学校現場では、多民族共存教育の必要性がこれからますます高まってくるだろう。

✷驚異の高度経済成長

観光と縫製が産業の牽引役となり、サイパンを中心とする北マリアナは、目覚ましいスピードで経済成長を遂げた。大阪学院大学の小林泉教授の「ミクロネシアの現代——二極分化への道」という論文によると、北マリアナ自治政府発足当時の七八年の政府の域内収入は五百万ドルにすぎなかったが、十年後の八八年には七千二百四十万ドルと十四・五倍になり、その後も順調に増え続けて、九七年には二億四千九百七十万ドルと発足当初の五十倍にも拡大した。その間の年間平均成長率は一九・七五%という驚異的な数字である。

アメリカの財政補助額が域内収入額を上回っていたのは八二年まで。その後は数字が逆転し、九三年以降は補助金はゼロになっている。

北マリアナの経済規模は、国内総生産（GDP）でいうと約二十二億ドル。一人当たりのGDPは三万五千ドルで、米本国（九六年は二万七千百ドル）をはるかに上回っている。これは、八〇年代以降の順調な経済成長が「奇跡」と言われた東アジアをはるかに凌駕する高度経済成長である。

ではそれで、北マリアナ現地住民の労働生産性が急上昇したかというと、必ずしもそうではなさそうだ。一九八〇年に約二万人だった島の人口は、その後、外国人労働者の大量流入で、今では八万人近くに膨れ上がっている。この二十年で人口は四倍にもなった。外国人労働者の大半は、雇用期間を限られた契約労働者である。彼らがサイパンをはじめとする北マリアナの経済を下支えしているのである。

入国管理の権限が米連邦政府に移管され、入国審査が強化された場合、契約労働者は急減し、島の経済が下降に向かうのは避けられないだろう。そこに、外国人労働者を減らしたくても減らせない北マリアナ政府のジレンマがある。

4　北マリアナ観光の光と影

✴サイパンに賭けた日本人

サイパンで暮らしている日本人は何人ぐらいいるのだろう。日本政府のサイパン駐在官事務所の調べでは、二〇〇〇年時点で、同事務所に在留届けを出している邦人数は千百六十三人。ピーク時の九八年には千二百九十九人いたが、百人余り減っている。

この中で、この地で最も長く暮らしているのが、地元で通称「ヘンリー・ササキ」で通っている佐々木正（七〇）である。旧満州のハルビン生まれで、東京で一時、レストランを経営していたこともある。この地域との関わりは、グアム島のレストランのマネジャーに

延べ25年間、サイパンで暮らす佐々木正

応募し、採用されてから。ところが、グアム島に赴任したら、サイパン島唯一のホテル「ロイヤル・タガ・ホテル」（現在のサイパン・ダイヤモンド・ホテル）に「行ってくれ」ということになった。同ホテルのレストランのマネジャーとしてサイパンに赴任したのが一九六八年。以来、グアム島の観光会社で勤務していた期間を除き、延べ二十五年、サイパン島で暮らしている。

最初にサイパン島に赴任したときの印象は、「ひどい所に来た」だった。大型台風が島を襲った直後で、沿岸部の街は壊滅状態。住民の多くはテントの下で裸電球で暮らしていたという。当時、現地在住の日本人は、日本に復帰前の沖縄の出身者が大半。その多くはタクシーの運転手で、沖縄県人会もすでにできていたという。

サイパン島で一年暮らしたあと、グアム島で永住権を取得し、チャモロ女性と結婚。計八年をそこで暮らした。ホテル会社や観光会社で働いたあと、七七年に家庭の事情でサイパン島に戻ってきた。以来、ガラパンの免税店、日本の大手建設会社が運営するゴルフ場で働き、九八年からはその年にテニアン島にオープンした大型ホテル「テニアン・ダイナスティ・ホテル&カジノ」に就職した。しかし、このホテルは客入りが当初予想を下回り、給与が半額になったりしたこともあり、二年半で辞めた。二〇〇〇年六月からは、日本人相手の長い観光業の実績が買われ、マリアナ政府観光局の顧問として働いている。

サイパンの観光産業は一九七〇年代から急速に発展した。七七年に羽田空港から日本航空が直行便を乗り入れ、大阪、名古屋などからも直行便が運航を始める中で、日本人を中心に観光客が急増した。北マリアナ政府が海外投資の門戸を開き、プラザ合意でドルの対円レートが切り下がった八五年以降は、サイパンの観光化に拍車がかかった。九五年には世界中から六十七万六千人余り、九六年には七十三万六千人余りの観光客を受け入れた。佐々木がゴルフ場で働いていたころで、「毎日、四百五十人くらいうちのゴルフ場に客が来ていた。あのころは本当に忙しかった」と振り返る。

＊バブル崩壊、アジア経済危機で打撃

ところが、九七年以降、観光客は減少に転じる。この年、大韓航空機がグアム島で墜落し、日本人に次いで多い韓国人の観光客が激減。さらに、この年から九八年まで続くアジア経済危機の余波で、ドル箱のアジアからの来訪客が大きく落ち込んだ。九八年には四十九万人余りに減り、大規模ホテルも客室占拠率が五〇％を割る悲惨な状態に陥った。

日本人戦争犠牲者の慰霊団の来訪は七〇年代、八〇年代は多かった。しかし、北マリアナ諸島における厚生省の遺骨収集が九五年に打ち切られ、犠牲者の遺族の高齢化もあって、慰霊団のサイパンもうでは年を追って減少している。

アジアの経済が好転した九九年から観光業はやや上向き、二〇〇〇年には外国人訪問客が五十万人台に回復した。それでも年間七十万人を超えたころほどの活気はない。観光客は約七五％が日本人、約一〇％が韓国人で、あとアメリカ人、台湾人、香港人がこれに続く。

大型リゾートホテルはおおむね日本資本、中規模や小規模なホテルは韓国、香港などの資本が多い。この中では、韓国の経済危機の後遺症が今も尾を引き、韓国資本のホテル三軒の建設がストップしたままになっている。

佐々木によると、日本人観光客もバブルのころに比べて、財布のヒモがぐっと堅くなった。

「ひと昔前までは若い女の子たちでも免税店でみやげ物をたくさん買ってくれたが、今は本当に買わなくなった。ホテルや高級レストランでの食事を避け、カップヌードルを持参して、恥ずかしげもなく、『お湯をくれ』と言ってきます」

それでも、佐々木はもうサイパンを離れる意思はない。

「ここでは日本人は暮らしやすい。戦前の日本の教育が良かったたし、戦時中も住民に対する日本軍の残虐行為はありませんでした。チャモロ語には、『ちり紙』『さるまた』『ねんね』『乳バンド』など、日本語がたくさん残っています。長くいるけれど、日本人ということでイヤな目にあったことは一度もない。ボクはもうここで死のうと思っています」

✷マリアナ政府観光局の戦略

北マリアナ政府は今後、観光産業をどう盛り返そうとしているのか。マリアナ政府観光局のペリー・テノリオ局長（三五）に観光戦略を聞いた。

テノリオ局長は「北マリアナの観光業はアジア経済危機の影響をいまだに受けている」と、観光産業の不振を率直に認めた。そのうえで、三泊四日という観光客の平均滞在日数を延ばすためにも、「自然のリゾートという環境を維持します。サイパンが買い物や海洋レジャーの中心だが、

北マリアナの観光戦略などについて語るペリー・テノリオ・マリアナ政府観光局長

テニアン島やロタ島にも足をのばしてもらう方策を考えています。テニアンにはすでにカジノ場が一軒あるが、将来はラスベガスのようにしたい。ロタはエコ・ツーリズムの行き先として宣伝したい」と抱負を語った。

また、二〇〇一年六月から四カ月間、「ハッピー・チルドレン・パラダイス」と銘打ち、十二歳以下の観光客の子どもに特

別のおみやげをプレゼントするキャンペーンを展開する方針も語った。

テニアン島はのちの章で記すが、同島のカジノ場はまだ成功しているとは言いがたい。テニアンやロタには国際空港はまだなく、サイパンから軽飛行機やフェリーで移動しなければならない。観光局の調べでは、二〇〇〇年にロタ島を訪れた旅行客は一万五百人、テニアン島は四千二百人弱にすぎない。

先に取り上げたサイパン・グランド・ホテル取締役のヘスス・サブランは、サイパンのセールスポイントについて「海と空」と言った。確かに、その通り。海の青さと透明度は、グアム島などより一級上である。自然を大切にした観光誘致を進めるしか手はないだろうが、それも最大のマーケットである日本の景気動向に左右されるのは間違いない。

Ⅲ テニアン島

広島に投下された原爆のB-29への搭載地点

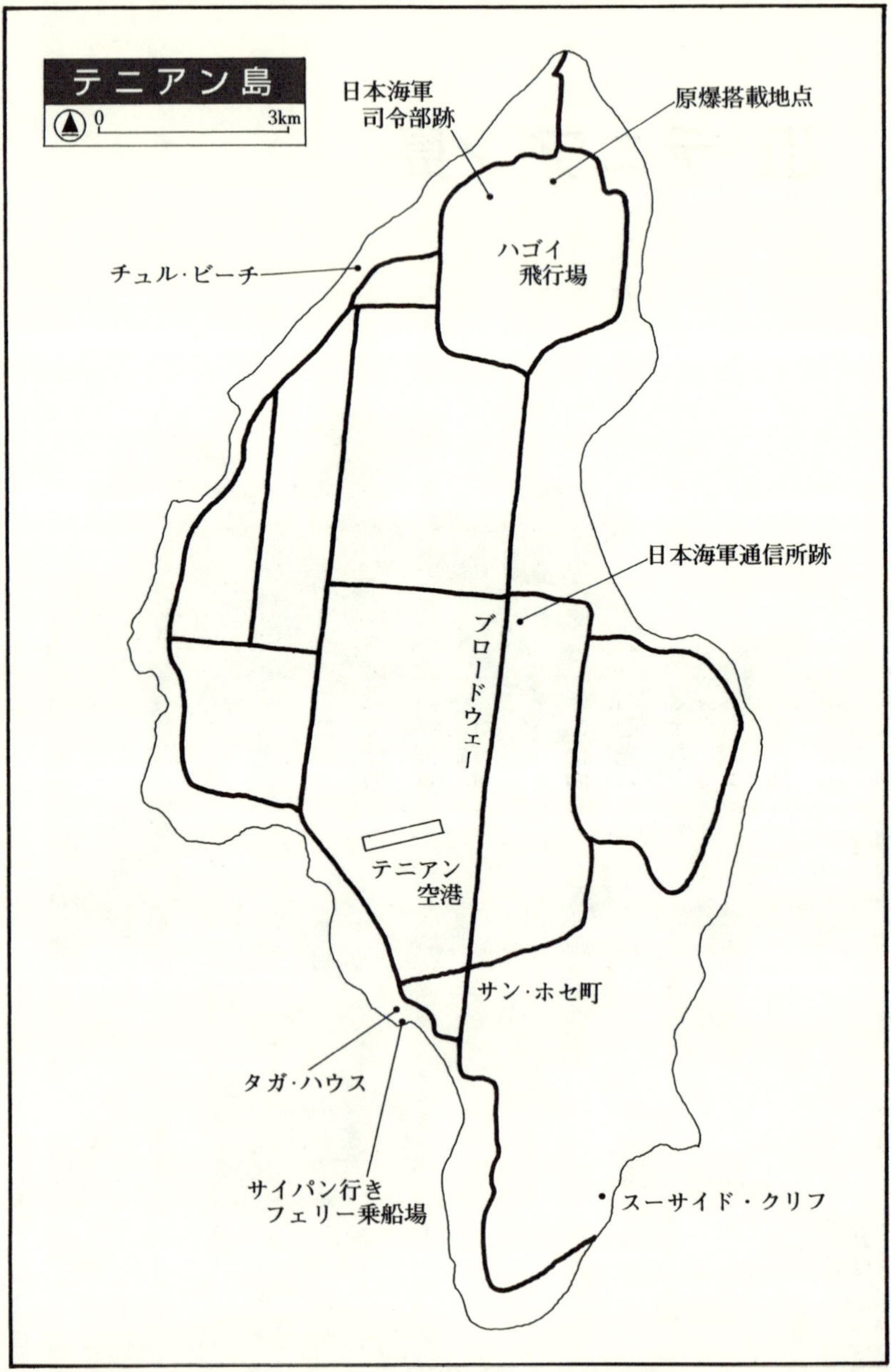
テニアン島
0
3km
日本海軍
司令部跡
原爆搭載地点
ハゴイ
飛行場
チュル・ビーチ
日本海軍通信所跡
ブロードウェー
テニアン
空港
サン・ホセ町
タガ・ハウス
サイパン行き
フェリー乗船場
スーサイド・クリフ

1　日本統治の栄華の跡

✷海軍通信所は牛の屠場に

テニアン島は、南北二十キロ、東西十キロのたて長の島である。
サイパン島のすぐ南方にあり、軽飛行機が毎日、同島から数便飛んでいる。また、テニアン島唯一の五つ星ホテル「テニアン・ダイナスティ・ホテル＆カジノ」が、サイパンの港チャーリー・ドッグから高速艇を出している。

わずか五十分というので、私は高速艇でテニアンに向かった。テニアン島の南部にある乗船場では、名鉄系の「名鉄フレミングホテル」の島内観光バスが待っていた。このバスで、とりあえず島を一周した。その後、レンタカーを借りて観光コースでない所も見てまわった。

テニアン島で一番の観光名所は「タガ・ハウス」だろう。三千五百年か、それ以上前に東南アジア方面からカヌーでやって来たと見られる先住民が建てた巨大な石柱遺跡のラッテ・ストーンである。乗船場からほど近い島の中心街サン・ホセ町のはずれにある。もともと十二基が立って

マリアナ諸島最大のラッテ・ストーンが立つタガ・ハウス

いたが、台風などで次々に倒れ、今は一基が屹立しているだけである。高さは四メートルぐらいあって、マリアナ諸島で最大規模のラッテ・ストーンである。

タガ・ハウスの前には、日本統治時代の一九三八年に南洋庁サイパン支庁テニアン出張所が建てた石碑の説明文がある。文字面がはげ落ち、判読がかなり困難だ。タガ・ハウスは、家屋説、墓地説、宗教的施設など諸説があるが、建造物の趣旨はハッキリしないという意味のことが書かれている。付近で人骨が数体、発見されたとも、碑は記している。

このすぐ脇には、「テニアン島戦没者慰霊碑」が建つ。一九七六年に「サイパン島テニアン島遺族会」などが建立したもの。このほか、「善光寺日本忠霊殿合祀」や「松本歩兵第五十連隊

牛の屠場として使われている日本海軍通信所跡

戦没者慰霊碑」も建っている。

他にも、この島には、太平洋戦争にまつわる慰霊碑や施設がたくさんある。島を縦断する直線道路「ブロードウェー」沿いにあるコンクリート二階建ての日本海軍通信所跡。外壁はすでにはげ落ちているが、建物の骨格はしっかりしているので、今は牛の屠場として活用されている。

島の北部には、日本海軍司令部跡がある。鉄筋二階建てだが、壁面はほとんどなく、コンクリートの柱だけが残って、無残な姿をさらしている。屋上にはすでに雑草が生い茂っている。中に入ってみると、米軍の爆撃で天井に大穴が開いている箇所がある。浴槽跡もあるが、深さが一メートルほどもあって、当時の日本人の好みがわかる。二階は本部で、将校が自決した場所でもある。いまは崩れやすいので、立ち入り

屋上に雑草が生い茂る日本海軍司令部の残がい

禁止になっている。

✷米軍は「完璧な水陸両用作戦」と自讃

島の北西部には、米軍が上陸作戦を開始したチュル・ビーチがある。ビーチにはいま「一九四四年七月二四日の攻略」と、日本語と英語の両方で記された碑文がある。

一九四四年七月九日のサイパン陥落後、米軍のテニアン上陸は当然、予期された。テニアン爆撃は、この年の六月十一日からすでに始まっていた。当時、日本軍は南部のテニアン町（今のサン・ホセ町）に近いテニアン港からの侵攻を予想し、北部の防衛体制は手薄だった。米軍は、すでに支配下に置いたサイパン島のアスリート飛行場から飛び立つ爆撃機の支援も得ながら、LVT（上陸用舟艇）を多数上陸させ、初日だ

道路脇に建つ南洋興発の事務所建物の残がい

けで一万五千人の大部隊が上陸した。

碑文には「テニアンに置かれていた日本軍の大砲のほとんどは何キロも南にあり、全く役に立ちませんでした」とある。防御作戦の失敗である。

米軍は、上陸作戦開始から八日後の八月一日には早くもテニアン島占領を完了した。日本軍の守備隊約九千人のうち、捕虜になって生き残ったのはわずか二百五十二人。一方、米軍の犠牲は、海兵隊の三百八十九人と最小限にとどめた。米遠征隊司令官のスミス将軍が言うように、米側にとっては「太平洋戦争で、テニアンは完璧な水陸両用作戦だった」のである。

✷ここにもある「スーサイド・クリフ」

テニアン島は戦前、サイパン島同様、南洋興

島の内陸部にあるテニアン神社跡

発が経営するサトウキビの島だった。同社は一九二六年にテニアン全島を借地し、サイパン以上の規模でサトウキビを栽培し、砂糖を生産した。三七年までにテニアンは年間、四万二千トン余りの砂糖と一万三千トン余りの糖液を輸出するまでになった。現地住民はもともと数えるほどしかいない島だったが、沖縄を中心とする日本人移民は急増し、三五年までに約一万四千人に膨れ上がった。

現在、島の人口は、フィリピン人、中国人ら多数の外国人労働者を含めても三千人余りしかない。中心街のサン・ホセ町も、商店街があるわけでもなく、閑散としている。今の風景からは想像もできないが、日本統治当時は映画館、食堂、理髪店、魚市場、芸者を置く料亭などが軒を連ねる賑やかな町だった。島には、日本人

舗装道路の行き止まりにあるスーサイド・クリフ

のための神社や寺院もあった。

ドン・ファーレルが書いた『テニアン』という本によると、日本統治時代、島の住民は三クラスに分類された。日本本土からの日本人は「一等市民」、沖縄出身者と朝鮮人は「二等市民」、チャモロ人は「三等市民」だった。

戦争で日本人街は壊滅し、サトウキビ畑も荒れ果てた。当時、島に居残っていた日本の民間人一万人余りと敗残兵は、島の南部に逃走した。民間人は約三千五百人が戦時中に亡くなった。そして、サイパン島同様、ここでも、海岸から身を投げる「集団自決」事件が起きた。

島の南東部に、通称「スーサイド・クリフ」と呼ばれる岸壁がある。サイパン島北端の海岸と同じ呼称である。海岸の岩壁には、高さ一メートル強のコンクリート壁がある。真下をながめ

スーサイド・クリフ近くに建っている「沖縄の塔」

亀の石像の上に建つ「平和祈願韓國人慰霊碑」

ると、三十メートルほど下の大きな岩場に白波が押し寄せて騒いでいる。背後には、百メートルぐらいの切り立った崖がそびえたつ。その間の空間に「太平洋戦没者慰霊平和塔」をはじめとする多数の慰霊碑、鎮魂碑が建てられている。ここにも、サイパン島同様、沖縄出身者の犠牲者の冥福を祈る「沖縄の塔」が建っている。

サン・ホセ町の郊外に、韓国人犠牲者の慰霊碑があることも記しておかねばならない。亀の石像の上に設けた碑には「平和祈願韓國人慰霊碑」と刻まれている。一九七七年に韓国の学校法人「栄光学園」が建てたものだ。碑の裏面には、ハングルと英語でメッセージがつづられている。犠牲者たちは「むこうみずな日本帝国軍によって苦しんだ家なき集団」と記されている。日本軍によってこの島に連行され、過酷な労働のあと命を奪われた朝鮮人の「恨」がこもる内容である。

2　原爆のB-29搭載地点

✴米軍パイロットの名を刻む記念碑

北マリアナが米政府との間で「コモンウエルス」に移行する盟約に調印した一九七六年、人口

テニアン東北部にある米軍用の広大な滑走路

過疎のテニアン島の土地の三分の二、約七千ヘクタールを米国の軍用地として使用することが取り決められた。使用期間は五十年で、米政府は借地代として三千二百万ドルを支払った。必要があれば、さらに五十年延長して使用できる。

このため、サン・ホセ町のある南部を除いて、島のほとんどが米軍の管轄下に置かれた。東西冷戦時代、ここに本格的な米空軍基地を築く計画があったことは、本書のグアムの章でも記した。しかし、冷戦の崩壊で、テニアンに軍事基地を設ける必要性はもはやなくなり、島の中部の土地は住民が農業などに使えるよう地元にリースバックされた。北部はまだ米軍の管理下にあり、年に一、二回、米軍が上陸作戦などの演習場として使っている。

北部には米軍用の全長二千六百メートルの広

大な滑走路がある。この滑走路はもともと、戦時中、日本軍が「北飛行場」として活用していた。日本軍を粉砕して島を支配下に置いた米軍は拡張して「ハゴイ飛行場」とし、日本本土の空襲拠点として使った。米軍の爆撃機はここから、多いときには四十五秒おきに発進した。その中には、広島と長崎に原爆を落としたB-29もあった。

この二つの原爆は、ハゴイ飛行場でB-29に積み込まれた。積み込んだその地点には、米国が「原爆搭載ピット」として記念碑を建てている。記念碑は滑走路のはずれの空き地に二つ建っている。二つとも、高さ一メートルほどの台石に、経過などを英語で記した銅板がはめ込まれている。

一つは、一九四五年八月六日に広島に原爆を落とした「エノラ・ゲイ」への搭載地点。パイロット(ポール・ティベッツ・ジュニア大佐)と兵器係(ウィリアム・パーソンズ大尉)の名前も刻まれている。

もう一つは、同年八月九日に長

長崎に投下された原爆のB-29への搭載地点

崎に落とした「ボックス・カー」への搭載地点。こちらにも、パイロット（チャールズ・スイーニー少佐）の名前が刻まれ、さらに、この結果として、「日本の天皇は内閣の承諾なしに太平洋戦争の終結を決断した」と記されている。

私はこの場所を、一九八四年にも訪れているが、そのときには大きなヤシと北マリアナの〝国木〟であるプルメリアが一本ずつ、記念碑の後方に植えられていた。二カ所とも、ヤシの実は小さくて細長い。「ヤシの実が丸くならないのは、原爆の放射能のせい」と住民は信じているという話を、当時、現地で耳にした。今回、十七年ぶりに再訪してみたら、プルメリアはなく、ヤシの木は折れて、小さな若木が植え直されていた。以前の木は腐食したか、台風で倒されたのだろう。八四年に訪れたときには、近くの滑走路に「パウロ歓迎　原爆搭載地点」という英文が白いペンキで大書されていた。一九八一年にローマ法王がグアム島から特別機で日本に向かう際、機上からローマ法王の目に入るように、だれかが落書きしたものだった。いま落書きは消えている。

✷広島、長崎で涙したテニアン市長

テニアンが、人類に初めて核の惨禍を与えた原爆の搭載機が発進した島として、歴史に記されるのは、地元住民にとって決して名誉なことではない。いやむしろ「大いに迷惑で、悲しむべきこと」と考える人物に、かつてこの島で出会った。元テニアン市長のフィリップ・メンディオラ

元気だった頃のフィリップ・メンディオラ

である。眼鏡の奥の知的な目が印象的な、当時七十二歳の老人だった。

メンディオラは市長在任中の一九八〇年、日本政府による太平洋への放射性廃棄物投棄計画に反対し、陳情のため日本を訪れた。この計画は太平洋諸国の反発もあって、その後、棚上げされたが、当時メンディオラは、「私たちは日本軍に強制労働をさせられたり、土地を取り上げられたりした。今度は放射性廃棄物を私たちの近くの海に捨てるなんて。その精神は島民を土人扱いした戦前とちっとも変わっていない」と無神経な日本政府に憤りを隠さなかった。

彼は訪日の際、広島と長崎を訪れている。彼は二都市の原爆記念碑の前に立ち、手で十字を切った。

「テニアン市長として原爆犠牲者に謝りたい一心で出かけたが、被ばく者があんまりかわいそうで、涙ばかりでした。戦争で兵隊が死ぬのは無理ないが、罪のない子どもまで殺すのは、いくら何でもひどい」

流ちょうな日本語で、メンディオラはこう語った。戦前、日本語学校で皇民化《こうみんか》教育を受けた彼は、戦争中、日本の軍属としてグアム島で情報活動に従事、そのため戦闘終了後、一年近い捕虜体験がある。彼の不在中、ロタ島にいた妻は日本軍にスパイ容疑をかけられ、留置所生活や過酷な肉体労働を余儀なくされた。彼女はそれで寿命を縮め、三十五歳の若さで病死した。日本人を恨んでもいいはずのメンディオラが、原爆投下による日本人の死に涙する。戦争という巨大な罪を憎んで、ひとを憎まず。そんな彼の寛容な心に触れ、胸が熱くなった思い出がある。

メンディオラは、私が会ってからまもなく脳いっ血で倒れ、翌年の八五年、七十四歳で亡くなった。

✴原爆投下五十周年記念式典の波紋

テニアン島では一九九五年八月六日、原爆機発進五十周年の記念式典が計画された。この際、式典をめぐって北マリアナ政府と米軍との間でちょっとした摩擦があった。北マリアナ政府は、テニアン島の原爆搭載地点での式典開催と楽団派遣を米海軍マリアナ司令部（グアム島）に要請した。ところが米海軍は、「きわめてデリケートな問題」として、式典への協力を拒否したのだ。同司令部のブレワー海軍少将は北マリアナのボルハ副知事（当時）に宛てた書簡の中で、「広島、長崎の記念日と関連する、極めて特異で、デリケートな問題。軍が支援しているとのうわついた注目や批判を避けたい」と述べ、原爆搭載記念碑など米軍管理の土地での式典開催や、楽団派遣に応じない姿勢を示した。米航空宇宙博物館（スミソニアン博物館）での原爆展開催や、米国での原爆の絵入り切手発行が日米で賛否両論を呼び、外交問題にも発展しかけた経過を考慮し、米軍は式典参加拒否を決めたのである。

広島、長崎への原爆投下を、アメリカ人はいまどう受けとめているのだろうか。サイパン在住二十七年のアメリカ人知識人で教育コンサルタントのサムエル・マフェトレス（六二）と、この問題について議論したことがある。

彼は、「二つの考え方がある」と言った。一つは、「原爆投下で、より多くの日本人とアメリカ人の命が救われた」というもの。「サイパン島、硫黄島、沖縄などでの地上戦を経験した米国は、日本人が極めてタフな敵であることを悟り、日本本土で地上戦になれば、サイパンと同じような悲劇が起こり得ると考えられたから」だという。これは、原爆投下正当化論である。

もう一つは、原爆は無差別大量殺戮兵器で、「大勢の市民を殺害したのはひどいことだ」という意見。「スミソニアン博物館でのエノラ・ゲイ展示に反対した市民がいたように、反戦派のアメリカ人は原爆投下を恥じている」と彼は言った。

テニアン島の原爆搭載の記念碑がさして整備もされず、小さく目立たないものであることが、

父親フィリップの遺志を受け継ぐワニタ・メンディオラ（テニアン空港内のオフィスで）

アメリカ人や米政府の原爆投下への複雑な感情を示しているようにも思える。

✷父親の遺志引き継ぐ娘

フィリップ・メンディオラは、今でも「名市長だった」と島民の間で語り継がれている。彼の子どもは十四人もいたが、息子のジェームズ・メンディオラも後にテニアン市長を務めるなど、テニアン社会に多大な貢献をしている。末娘のワニタ・メンディオラ（三七）は、テニアン自治体協議会の健康・教育・福祉委員会の委員長で、平和活動に励んでいるという話を耳にし、彼女が勤務するテニアン空港に車を走らせた。

空港の副管理官室で、ふくよかで、明朗そうなワニタに会った。

「テニアンを世界の平和センターにしたい」。彼女は夢のあるビジョンから語り始めた。日本の市民グループなどと協力しながら、二〇〇一年末にテニアン島で世界若者大会を開催する計画を進めているという。

自分の島を開催地にするのは、「テニアンは、日米の意見の相違の犠牲者だから」という。第二次大戦中、米軍の猛爆で島は荒廃を極め、米軍の支配下に入ってからは広島、長崎への原爆投下をはじめとする米軍爆撃機の基地となった。そうした歴史を踏まえ、十五歳から十八歳の若者が相互理解と世界平和に向けて語り合う場を設けたいのだという。

「地元の高校などでは北マリアナの歴史を学ぶ授業があるが、原爆搭載機発進に利用された史実などは十分に教えられていません。島の教師や指導者たちは、自分たちの役割を果たしていないことを恥じなければならない。核の問題は遠い出来事にしてはいけないのです」

目を輝かせながらそう語る彼女は、北マリアナ短期大学講師として教鞭もとっている。

島の土地の三分の一が米軍専用地にされ続けていることにも、彼女は強い反対の意思を示した。

「テニアンの土地はもはや軍事的な必要性はない。私は以前から、軍用地は博物館も加えた歴史公園にして欲しいと当局に要望している」という。ワニタは、反核の姿勢を貫いた父親の遺志をしっかり引き継いでいるように見えた。

3　カジノ開設のプラス・マイナス

＊島内の意見は真っ二つ

サン・ホセ町内にある名鉄フレミングホテルは二階建て十三室。名鉄の子会社が地元資本と組んで、一九七〇年代から営業している古いホテルである。開業当時、島には他にまともなホテルはなく、日本人旅行客が泊まれる、島でほとんど唯一のホテルだった。そこに、強敵が現れた。香港資本が巨額を投資して九八年に営業を開始した五つ星ホテル「テニアン・ダイナスティ・ホテル&カジノ」である。

サン・ホセ町の郊外にある六階建てのホテルには、面積七千平方メートルの巨大なカジノが設けられ、バカラ、スロットマシン、ルーレット、ポーカーなど各種ギャンブルを備えている。「エンペラー」「エンペレス」と名付けた貸し切りの別室も設けている。私が平日の午後、訪れたときには、ポーカー、ルーレットなどのテーブル二十余りのうち、場が成立しているのは六つだけだった。

400室以上を備える「テニアン・ダイナスティ・ホテル＆カジノ」

今のところ、宿泊客はホテル側が当てこんだほどは入っていない。地元のホテル関係者からは「ホテルの占拠率は三〇％くらい」という話を聞いた。客は台湾人が最も多く、次いで韓国人や日本人が多いという。従業員は、中国人とフィリピン人で占められる。

このカジノの開設に際しては、島内で意見が二分した。一九九四年に住民投票にかけられた結果、賛成が約三分の二で営業が承認された。島民の大半はカトリック教徒だが、カトリック教会はギャンブルに否定的な立場である。それでも、島民の多くがカジノ開設に「イエス」の票を投じた。島に国際便のフライトが乗り入れていないこともあり、サイパンとは比較にならないほど観光がふるわない現状下で、外貨獲得、ひいては島の経済活性化のためには、「観光の目玉」になるカジノ開設もやむなし、と判断した結果だった。

名鉄フレミングホテルで観光担当の鈴木貞一郎（二八）は「良くも、悪くも、ダイナスティ・ホテルの影響を受けている」という。フレミングホテルの客室占拠率は昨今、平均一〇数％と、テニアン・ダイナスティ・ホテル開設前の半分以下に落ち込んでいる。一方で、同ホテル開設後、島を訪れる日帰りツアーの日本人が増え、それに伴って、フレミングホテルが主催する日本人客相手の島内観光バスツアーへの参加者は以前よりぐっと増えた。このため、同ホテルは「日帰りツアー客主体の観光会社に変わりつつある」と、鈴木は語った。

✴輝かしい経歴の日系人

「日本統治時代以来のテニアンをよく知っている島民」として、鈴木に紹介してもらったのが、アントニオ・ボルハ（七三）である。会ってみると、日本人そっくりの顔立ちである。よく聞くと、彼は日系人で、父親は戦前、沖縄から渡った移民、母親はチャモロ人であることがわかった。「島袋盛一」という日本名も持っている。日系ゆえに、彼は戦争をはさんで波乱に富んだ半生を送っている。

父親の島袋かんちょう（漢字不明）は沖縄県嘉手納町出身で、一九二四年にテニアン島に移住し、牧畜を営むなどして、日本にハムを輸出していたこともある。二年後に現地女性と結婚。ロタ島

戦時中は日本兵、戦後は米兵だった
アントニオ・ボルハ

の日本人小学校を卒業したボルハは、同島で二年間、日本軍の志願兵として勤務した。ロタは戦時中、サイパンやテニアンのような激戦はなく、ボルハらは米軍に投降して死を免れた。

戦後はグアム島の高校で英語教育を受け、その後、米海兵隊に入隊した。一方、両親と実弟は戦後、沖縄に引き揚げ、別れ別れになった。ボルハは、米軍を通じて沖縄における家族の所在を突き止め、連絡を取った。五三年に軍用機で沖縄を訪れて三人に会い、テニアン島に連れ戻している。

退役後、彼はテニアン市長選に立候補し、五八年以降、つごう三期、市長を務めている。彼が日系人であることは島内で広く知れわたっていたが、選挙戦でそれがマイナスに作用することはなかったという。

「戦時中、テニアンでは、住民を殺したり、いじめたりした日本兵はいなかった。戦後も住民の間に反日感情はなかった。日系人ということで差別されたことはない」という。戦時中、日本軍による住民虐殺が各地で起き、戦後、住民の強い反日感情や差別に苦しんだフィリピンの日系人とは大違いである。

彼がまだ市長だった一九六五年、彼は佐藤栄作首相（当時）に書簡を送っている。

「テニアン島には日本兵の遺骨がたくさんころがっている。火葬して日本に持ち帰っていただきたい」

その後、同島での日本の厚生省による遺骨収集が始まった。ボルハ自身、二百七十体ぐらい遺骨を集め、収集団が来るまで自宅で保管していたという。

彼の名刺には、テニアン市長三期、北マリアナ議員三期、検察長官特別補佐官など、過去の輝かしい経歴が記されている。今も北マリアナ知事室アルコール飲料監督委員会委員長の職にある。

ボルハはカジノ賛成派である。「反対したら、テニアンの経済はうまくいかない。カジノは、日本や韓国の資本で他に二軒くらいつくられる計画がある」という。

ただ、カジノ場が外国資本で、従業員も外国人ばかりの現状を見る限り、島民にどれだけ利益が還元されるのか、疑問は残る。北マリアナ政府が青写真を描くように、テニアンは将来、本当に「太平洋のラスベガス」になるのだろうか。

Ⅳ　マーシャル諸島

マーシャル諸島の海辺では、木に吊るしたブランコで遊ぶ
子どもの姿がよく見られる（アジェット島で。ＡＶＣ提供）

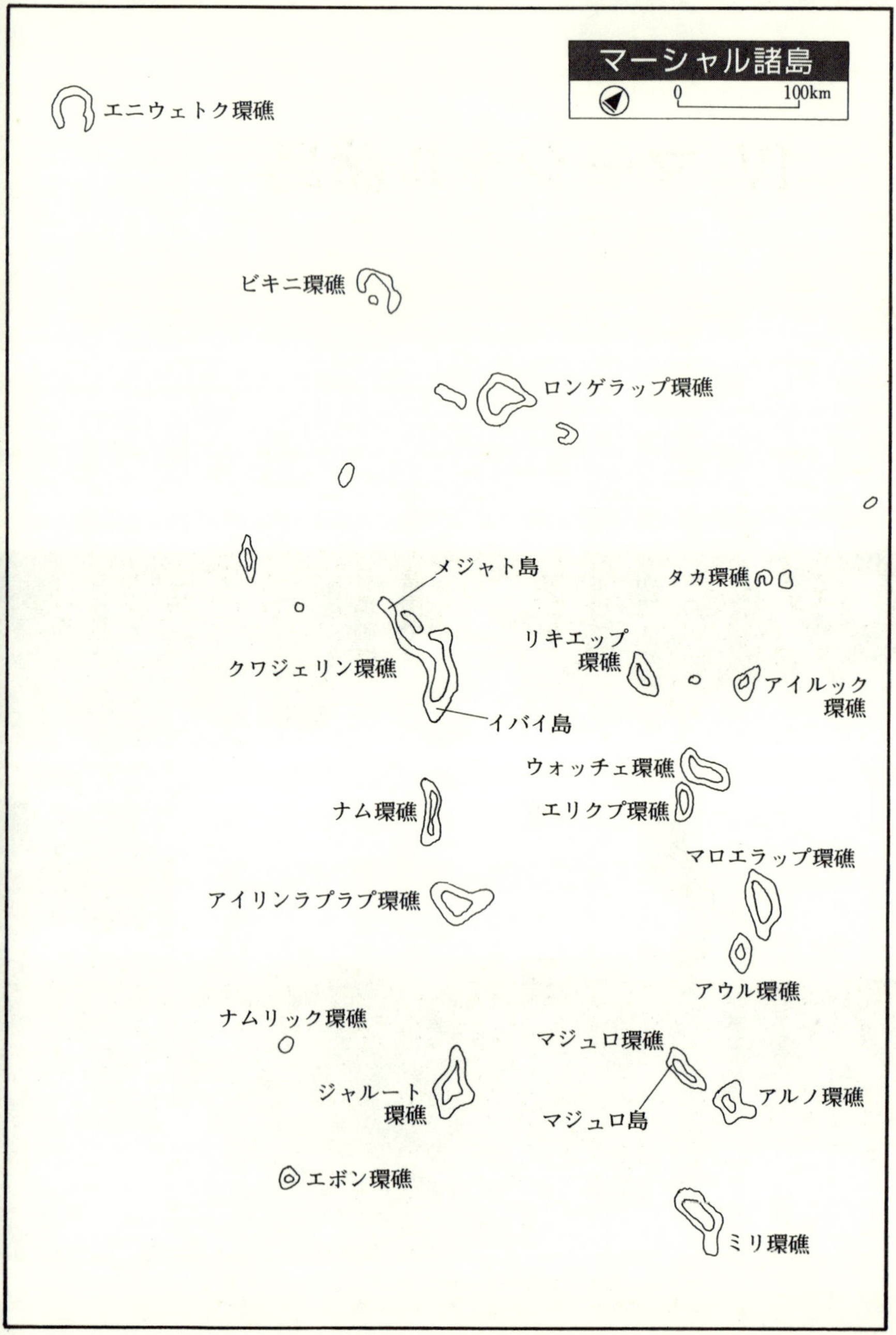

マーシャル諸島
0
100km
エニウェトク環礁
ビキニ環礁
ロンゲラップ環礁
メジャト島
タカ環礁
リキエップ
環礁
クワジェリン環礁
アイルック
環礁
イバイ島
ウォッチェ環礁
ナム環礁
エリクプ環礁
マロエラップ環礁
アイリンラプラプ環礁
アウル環礁
ナムリック環礁
マジュロ環礁
ジャルート
環礁
アルノ環礁
マジュロ島
エボン環礁
ミリ環礁

1　米国核実験の被曝《ひばく》者を訪ねる

✷フランス核実験に猛反発

一九九五年九月、南太平洋のムルロア環礁でフランスが核実験再開を強行したとき、オーストラリア、ニュージーランドなど太平洋諸国では猛烈な反対運動が巻き起こった。ミクロネシアでは、マーシャル諸島共和国の反発が特に強かった。

当時の大統領、アマタ・カブア（一九九六年十二月、病死）は核実験前、強行姿勢を崩さないフランスのシラク大統領宛てに「深い憂慮」を表明し、計画撤回を求める書簡を送付した。カブア大統領は書簡の中で「我々は核実験によって、肉体的、社会的、心理的な被害を経験している。いまも悪夢の経験として忘れさることができない」と痛切に訴えた。

マーシャル住民の怒りの原点にあったのは、四十余年前の核実験被ばくである。太平洋戦争で日本軍に勝利し、国連から同諸島の信託統治を任された米国は一九四六年から五八年にかけて、ビキニ、エニウェトク両環礁で計六十七回の原水爆実験を実施した。中でも、五四年三月一日に

「真珠の首飾り」と表現されるマーシャル諸島の美しい珊瑚礁

ビキニ環礁で行われた大型の水爆実験「ブラボー・ショット」は広域にわたって放射性降下物を浴びせかけ、多数の被ばく者を生んだ。

カブアの言う「悪夢の経験」とはいかなるものだったのか。マーシャル諸島の中で唯一、米軍基地が置かれている同諸島中央部のクワジェリン環礁の島に、被ばくした島から移り住んだ核実験被害者が多いと聞き、現地に向かった。

＊「太平洋のゲットー」

マーシャルに向かうには、グアム島からコンチネンタル航空で飛び立ち、チューク、ポンペイ、コスラエと、着陸、離陸を繰り返す。十時間ぐらいかかって、やっとクワジェリン空港に到着する。

マーシャル諸島は、イギリスの作家、ロバー

ゴミ箱から生ごみがあふれ出ているイバイ島の通り

ト・スティーブンが「太平洋に浮かぶ真珠の首飾り」と表現したほど、環礁に囲まれた小さな島々からなっている。空から見た島々は「真珠の首飾り」と呼ぶにふさわしいほど、エメラルドグリーンのサンゴ礁と、幅数十メートルにも満たない細長い陸地が美しいコントラストを成している。

その中にあって、米軍の戦略基地、クワジェリン環礁には、「太平洋のゲットー」と呼ばれる小島がある。その島を、基地のあるクワジェリン本島から定期の船便で訪れた。

何人かの被ばく民が住むイバイ島である。確かに、通りは不衛生極まりない。沿道のゴミ箱から生ゴミが溢れ出し、無数のはえがブンブン舞っている。

下水は各所でつまり、汚水が路上に溢れ出している。住民やのら犬の糞が路上にころがる。その脇で子どもたちが裸足で駆け回っている。ミクロネシアの島々はあちこち訪れたが、こんな荒廃した島を見たのは初めてだった。

その責任は、米国にある。同環礁で最も大きい有人島クワジェリン島は一九五〇年代からミサイル実験のための米軍基地になり、米兵とその家族の専用居住地にされた。この島から立ち退かされた住民は、近くのイバイ島に移住せざるを得なかった。そのうえ、イバイ島には、核実験場だったビキニ環礁の元住民や、実験で被ばくしたロンゲラップ環礁の元住民も移住している。その結果、全長一キロ余りの小島に九千人もの住民が密集して住み、「ゲットー化」しているのだった。

✷「ブラボー・ショット」の衝撃

ロンゲラップ環礁は、十五メガトンの水爆実験「ブラボー・ショット」の実験場から東方百五十キロメートル～百八十キロメートルに位置する。この実験当時、同環礁には八十六人(胎児四人を含む)の住民がいた。

その当時のロンゲラップ島の模様については、島で小学校の校長をしていたバリエット・エドモンドの手記が、一九八五年七月十八日朝刊の『毎日新聞』に載っている。そこでは、被ばくの様子が極めて克明に記されている。

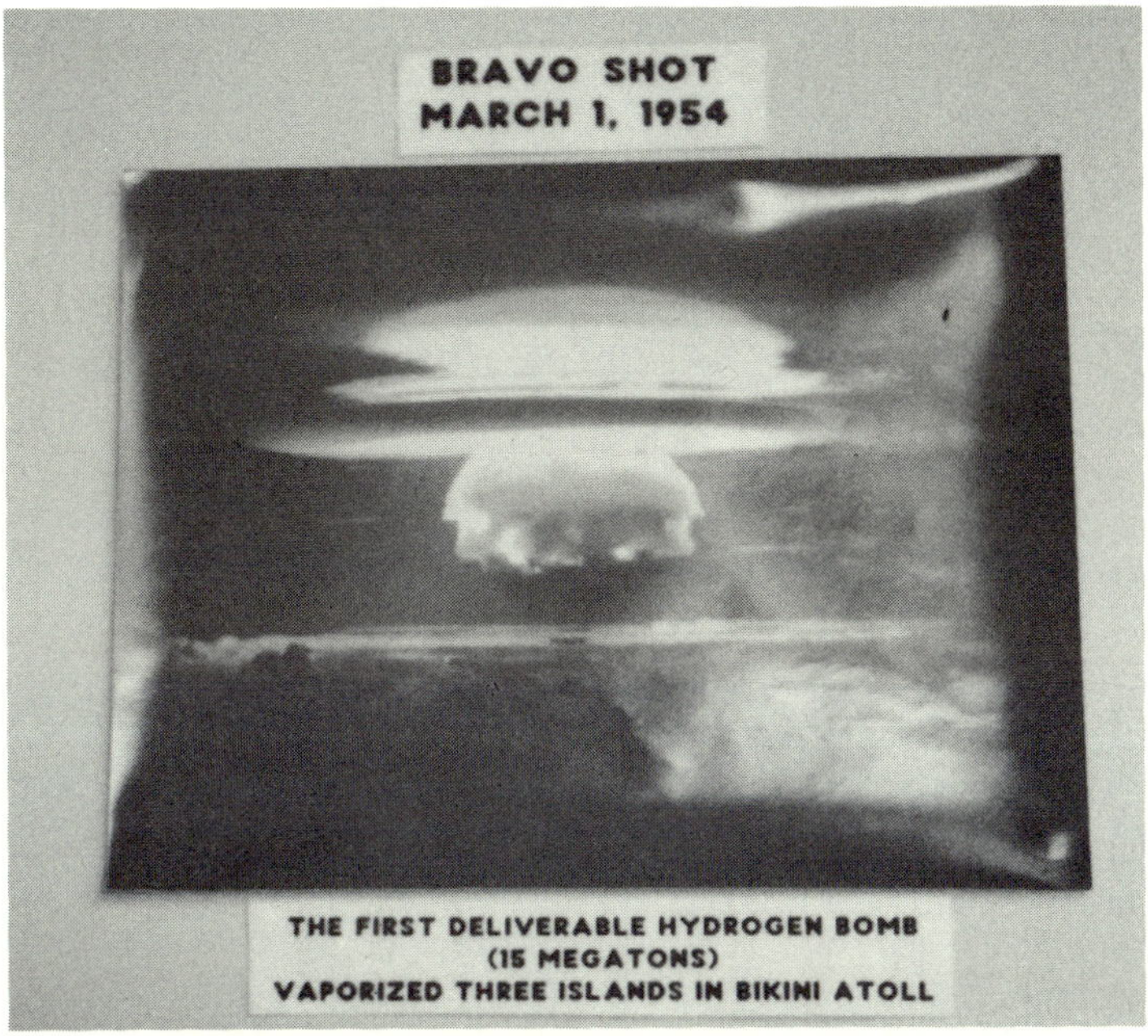

大勢の被ばく者を生んだ水爆実験「ブラボー・ショット」の爆発の瞬間（マジュロ島にあるビキニ村事務所内の展示写真より）

「三月一日――。閃光とイルミネーション。時間は午後五時から六時の間。あまりのおそろしさに時計を見る余裕などなかったのだ。西の方向では、閃光に続いて巨大な燃え盛る物体が昇ってきた。太陽のように発光し、熱を放散する炎陽だった。果てしなく強烈な熱。恐れおののくほどの明るさ。この世のものとは思えない。火球は完全に水平線上に昇り、上部からは混成した粒子が噴き出していた。火球の上には燃えて発生した厚い暗雲がたちこめた。（一部略）たちまち、その物体はキノコ状に姿を変えていく。周り一帯の大気は血の色に染まった。そして、熱。熱は私たちの露出した肌を焼いた。（一部略）

爆発――。すさまじい爆音は竜巻ほども

爆風を伴って島を襲った。ヤシの木をねじ曲げ、一軒の家を崩壊させた。ケペンリは座っていたイスごと打ち倒された。村長のジョン、赤ん坊を抱きしめていた妻、そして私自身もへいに向かって激しく突き飛ばされる。ほとんどの家のかやぶき屋根が吹き飛んでいた。爆音は一度きりではなかった。（一部略）

日没近い午後六時ごろ。私たちは激しい痛みに襲われる。子供たちは泣き叫んだ。一歳になる息子は特にひどい。タライに水を入れ体を洗ってやる。これぐらいしか思いつかなかったのだ。だが、効果はあった。幾分静かになった。が、また泣き出した。私たちはこの子が眠るまで何度も行水を繰り返した。（一部略）

私は吐き気を催していた。息子は何度もあげていた。妻もだ。子供たちの間では下痢の症状が始まった。島の限られた医療品ではどうにもならない。神に祈るだけ。爆音の最中と後に、島の上空を飛行機が数機飛来していたが、それは救助機ではなかった」

ブラボー・ショットは、広島に投下された原爆の七百五十倍の威力があった。その分、放射性降下物も多く、「死の灰」は二十四時間、降り続いた。この実験では、ビキニ環礁の東方、百六十キロメートルの海上で操業していた日本のマグロ漁船「第五福竜丸」にも「死の灰」が降りかかり、乗組員二十三人全員が被ばく、その一人である久保山愛吉は帰国後死亡した。

この実験から五十時間～五十八時間も経った後、ロンゲラップの島民たちは島からの立ち退きを求められた。まず同環礁の南方二百七十キロメートルに位置する米軍のクワジェリン基地に隔離され、三カ月後、マジュロ環礁のエジット島に移された。三年後、米国の「安全宣言」が出され、島民二百五十人は一九五七年六月に故郷の島に舞い戻った。

ところが、その後、住民の間で異常児の出産、死産、甲状腺異常、白血病などが多発した。島民たちは帰島後、ヤシやパンダナスの実、魚などを食べたが、それらはまだ放射能汚染されていて、間接被ばくしたのである。ロンゲラップ島民たちは八五年五月、再び離島を余儀なくされた。今ではクワジェリン環礁のメジット島やイバイ島、首都のあるマジュロ島に分散して住んでいる。ロンゲラップ島民は故郷を失い、「流浪の民」になったのである。

✴息子を失ったロンゲラップ村長

私がイバイ島で最初に接触したのは、十六年間、ロンゲラップの村長を務めたジョン・アンジャインである。当時、七十三歳。身長百五十センチ余りと小柄だが、褐色の逞しい上半身をしていて、「海の民」を感じさせた。私が訪ねたときは、「バハイ教会」という欧州から伝来の宗教の教会の警備員として働いていた。

アンジャインは、被ばく者の中でリーダー的存在である。被ばくの実態を伝えるため、海外に何度も出かけて講演している。戦前、南洋庁支庁のあったヤルートの日本語学校で三年間教育を

「今も甲状腺が痛む」というジョン・アンジャイン

受けたことがあり、今も流ちょうな日本語をしゃべる。日本には三回、米国は十六回訪れ、八四年と八六年の二回、国連人権委員会で証言をしている。

「ここに被ばく者はいま何人いるのか」と尋ねると、アンジャインは紙に一人ひとり、名前を書き始めた。全部で二十一人の名前が並んだ。年齢は四十歳代から七十歳代まで。放射能による甲状腺疾患で、甲状腺ホルモン剤を飲んでいる住民がこの島に数人いる。アンジャインも被ばく者で、毎日のように服用している。ホルモン剤を飲まないと、甲状腺が痛むという。

アンジャインは「ブラボー・ショット」の当日、ロンゲラップ島の浜辺であみ漁をしていて被ばくした。彼は八人の子だくさんだが、このうち三人が被ばくした。四男のレコジはすでに亡くなっている。被ばくしたとき、レコジはまだ一歳だった。米国原子力委員会（AEC）の医師の診断の結果、急性骨髄性白血病と診断された。渡米してメリーランド州の国立病院で手当てを受けたが、七二年十一月、十九歳で亡くなった。レコジが母親に最期に言った言葉は「マーシャルに帰りたい。マーシャルの魚やパンの実を食べたい」だった。

米政府は、レコジを水爆実験の被ばく者と認め、七八年に補償を支払っている。レコジの墓は、ロンゲラップ島民が一時、帰島していた間に島の共同墓地の一角に建てられている。

アンジャインの口からは、驚くような言葉が飛び出した。

「被ばく二世の子どもたちはみんな死んだですよ」

被ばく者の子どもたち、つまり被ばく二世にも、かなりの犠牲者が出ている、というのだ。「みんな死んだ」は大袈裟にしても、頭部肥大、歩行困難、精神異常などのケースがあるという。

「ロンゲラップには帰りたいと思っている。ぼくの命があるうちに帰れるかどうか」

ロンゲラップは、残留放射能のために、住民たちがまだ帰島できる状態にはない。「太平洋のゲットー」を脱出し、帰郷できる日はいつ来るだろうか。

アンジャインの話を聞いていて、意外に思ったことがある。いまニューヨークに住む次男は米国の兵士だというのだ。核実験でアンジャインの肉体を今も苦しめ、子どもを死に追いやった米政府に、息子が命をかけて奉仕していることを彼はどう考えているのか。アンジャインは「次男が米兵になるのを反対しなかった」という。「アメリカは核実験でも、帰島時も、我々をモルモッ

発声補助器を使わないと声が出なかったチア・リクロン

トにした」と議会で証言したこともあるアンジャインの内面に葛藤がない、といえばうそになるだろう。

✴甲状腺を侵された人たち

アンジャインに、島に住む他の被ばく者のお宅を案内してもらった。

その一人で、元漁師のチア・リクロン（六二）はブラボーの実験当時、ロンゲラップの浜辺で漁をしていて、被ばくした。他の被ばく者同様、甲状腺障害を起こした彼は過去二回、米カリフォルニア州とハワイの病院で甲状腺腫瘍の除去手術を受けた。それと同時に声を失った。のどにはチューブがはまったままだ。このため、常に首にハンカチを巻いている。

「近くもう一度、ハワイの病院で治療を受けます。早くチューブを取りはずして首に開いた穴を閉めて欲しい」

発声補助器をのどにあてて機械的な声を絞り出すリクロンの姿は痛々しかった。

イバイに移住して来てから十年ほど商店を営んだが、うまくいかず、いまは米政府の被ばく者補償に生活を頼っている。その額は年間、二万五千ドル。「補償額はとても十分とはいえない」と言う。

レストランでリクロンと夕食をともにしたが、ハンバーグとご飯を一口食べただけで、残りは袋に入れてテイクアウトした。のどが痛くて、なかなか食物を飲みこめないのだという。甲状腺摘出手術後、体重は十キロも減ったという。

次に、タニラ・ジョルジュ（五九）宅に寄った。

「孫のキモはこの部屋で寝たきり生活を送り、九三年六月、全身、黄色になって亡くなりました」

彼女は、十五歳で夭逝《ようせい》したキモと過ごした自宅の一室を、いとおしむように見やった。

ロンゲラップ島民は、核実験終了一年前の五七年から八五年まで、島が依然、放射能汚染していることを知らないまま、故郷の島に帰っていた。この間、島民たちは放射性物質が蓄積した動植物の摂取を通じ、間接被ばくした。

「キモは生まれて一年が過ぎた頃からおかしくなりました。頭が肥大化し、手足がまひして動かなくなりました。私の夫がブラボーで被ばくしているから、隔世《かくせい》遺伝かもしれない」

死亡した孫のキモが寝たきりだった部屋で語るタニラ・ジョルジュ

ジョルジュは、米政府の補償金を被ばく者に配分しているマーシャル核賠償請求審査裁判所に近く訴え、孫の被ばく認定を求めるつもりだ、と言った。

イバイ島の北端には、木造長屋の住宅密集地がある。ごみ捨て場がすぐ近くにあり、あたりは悪臭に包まれている。その一角に、トタン屋根、ブロック床のエルミタ・アンダク（四二）の自宅があった。

ブラボー・ショットの実験当時、ロンゲラップ島生まれの彼女はまだ生後まもなかった。間断なく降ってきた「死の灰」にも触れている。アンジャインらと同様、実験後、ロンゲラップ島を離れたが、五七年から八五年までは再び同島で暮らしている。

この島で生活している間に被ばく症状が出て、六八年にグアム島の米軍病院で甲状腺の手術をしている。米当局に「被ばく者」と認定され、七八年に万ドル単位の補償支払いを受けた。かといって、彼女が救われたわけではもちろんない。

「薬を飲まないと、体がびりびり震えます。体が硬直したこともある。甲状腺もときどき痛みます」という。

「イバイでの生活はあまり良くない。でも、病気があるから、治療を受けやすいここにいた方がいい」。その一方で、彼女は「ロンゲラップの生活は良かった。ヤシがあり、海があり……」と言って、望郷の念を隠さなかった。

私が九五年六月にイバイ島で会った被ばく者のうち、チア・リクロンは九七年に亡くなった。アンジャインらの調べでは、ブラボー・ショットで被ばくしたロンゲラップ環礁の島民八十六人のうち、四十一人が二〇〇一年四月までに死亡している。

✷増え続ける被ばく認定者

マーシャル諸島の首都マジュロにあるマーシャル核賠償請求審査裁判所（NCT）では近年、被ばく認定者が急増している。一九九四年初めから九五年五月までの間、甲状腺障害など核実験に関連があると思われる症状を持つ住民五百五十五人への補償を新たに決定した。東北大学医学部の医師団が九三年から進める現地調査で甲状腺異常患者を多数発見したのが大きな理由だが、これによって被ばく認定総数は約千百三十人になった。

この医師団は、九三年にクワジェリン環礁で住民千三百人くらい、マジュロ環礁、ウドリック環礁などで五百人くらいの健康診断を実施している。この調査に参加した高橋達也医師（甲状腺外科専門）によると、このうち手でさわってわかる甲状腺異常が五百人余りもいた。異常出現率は一〇～二〇％だったという。

「米国のハミルトン医師が八〇年代に『北部マーシャル全域が被ばく』と発表したが、今度の診療でも、そうした印象を持ちました。ただ、（被ばく地域を）北部に限っていいのかどうか」というのが高橋医師の現地調査を終えての印象である。

この被ばく認定者の数は、二〇〇〇年末までに千六百九十九人になった。その居住地域はマーシャル諸島のほぼ全環礁にまたがっている。「北部の環礁のみの汚染」との米政府の当初の発表は疑われる事態になっている。

NCTは、米政府の基金四千五百七十五万ドルを被ばく者に配分するため、一九八七年に創設された。広報担当のアメリカ人、ビル・グラハムに会った。彼の話では、九五年五月末で、千百二十六人に総額三千九百万ドル余りの補償支払いが決まっている。このうち、約二百人がすでに

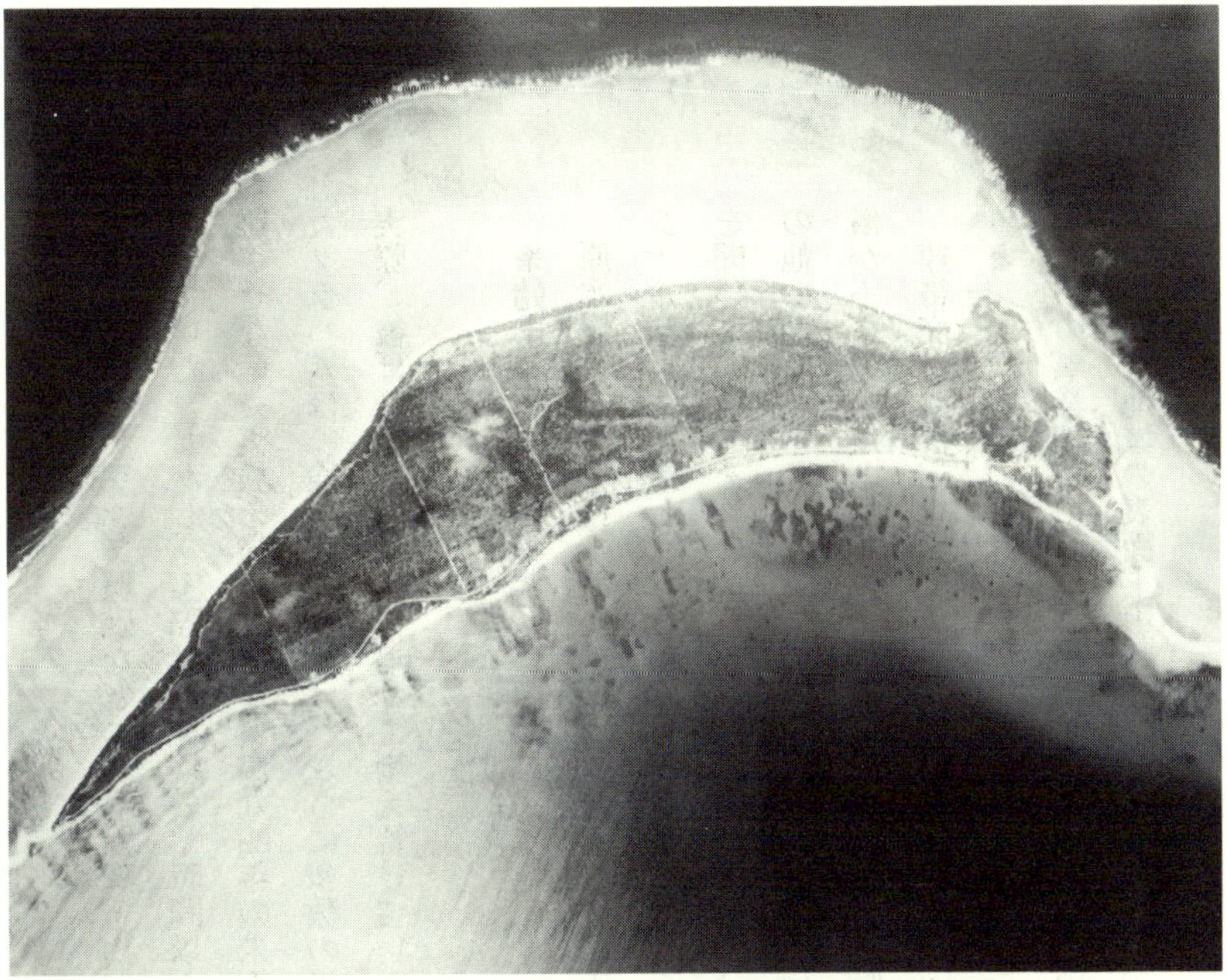

上空から見たビキニ島（マジュロ島にあるビキニ村事務所内の展示写真より）

死亡。補償対象のうち百六十人は核実験後に生まれた「被ばく二世」で、残留放射能や遺伝などの影響が考えられている。被ばくの遺伝性については、まだ科学的に実証されていないが、被ばくした母親を持つ障害の子どもについては、五〇％の補償を支払っているという。

「米政府は、ブラボー・ショットだけが人体被ばくを招いた、と思い込んでいて、他の核実験による被ばくは考慮に入れていませんでした。このため、七七年から七八年にかけてビキニ、ロンゲラップなど四環礁しか科学調査をしなかった。これは十分な調査ではありませんでした」と、グラハムは言う。

米政府は、ビキニから百数十キロメート

ル離れたロンゲラップ環礁などに放射性降下物が降った理由として、かつて「風向きの急変」を挙げていた。しかし、実際は核実験の七時間以上前に風向きの変化を知りながら、風下住民を避難させないで実験を強行したことが九四年の米下院公聴会で暴露された。

グラハムは「検診を続ければ、さらに多数の甲状腺被害の患者が出てくるだろう」と見通す。実際、被ばく認定者は年を追って増え続けている。

✴始まった再帰島事業

原水爆禁止日本協議会は二〇〇一年一月にマーシャル・ロンゲラップ島民との連帯交流団をマーシャル諸島に派遣した。その際、NCT（マーシャル核賠償請求審査裁判所）のビル・グラハムに話を聞いている。それによると、NCTの補償金はすでに四千五百万ドルが支払われたが、まだその他に補償すべき分として二千八百万ドルが不足している状態だという。マーシャル政府は「補償が不十分」だとして、米議会に追加補償の請願書を出している。

連帯交流団は、ロンゲラップ環礁のロンゲラップ島やナエン島も訪れている。その報告書によると、米政府との合意に基づいて、一九九九年三月に同環礁で島民が安全に居住できるようにするための事業が始まり、ロンゲラップ島では土壌汚染除去作業が進められていた。かつて島民が住んでいた地域の表面土壌八インチを削り取り、そこに新しい砂を入れる。削り取った土は海岸の護岸用の埋め立てに用い、汚染物が海に流れ出ないよう特殊な布で覆い、岩で固めていた。二〇〇二年には島民を同島に帰島させる計画だという。

報告書は「ロンゲラップ島以外は、汚染のひどい同環礁北部の島々はもちろんのこと、比較的汚染の低い同環礁南部の島々を含めて、何も手がつけられていない状況にある」と記している。

冷戦時代の核実験のつけは、米政府にも今後、長く、重くのしかかりそうだ。

✷核廃棄物貯蔵施設めぐり論争

「核廃棄物の貯蔵施設を我が国に誘致することを検討したい」

一九九四年八月、マーシャル諸島共和国のカブア大統領（当時）はこんな発表をした。原子力発電所から出る核廃棄物の処理に悩む先進国に無人島を提供し、その使用代を財政収入にするのが狙いである。ケンダル駐米大使（当時）を委員長とする国家委員会は日本、米国などに誘致を働きかけた。

しかし、日本政府は「国内処分が原則」として提案を見送り、米政府も「経済的、政治的に問題が多い」と予備調査不参加を表明した。ところが、台湾当局はこの提案に一時、大乗り気だった。

地元英字紙の『マーシャル・アイランド・ジャーナル』が伝えたところでは、九五年三月と五

核廃棄物処理場計画に反対したビリエット・エドモンド

月にマーシャル政府と台湾電力公社の間で秘密交渉が持たれ、台湾原子力エネルギー委員会委員長はマーシャル訪問の意思を表明したという。

国家歳入の半額以上を自由連合盟約を結ぶ米国の援助に頼り、二〇〇一年の盟約期限後の財政破綻も予想される中で、マーシャル政府が思いついた苦肉の策である。

もちろん、核実験被ばく者たちの猛反発にあった。当時、ロンゲラップ村長のビリエット・エドモンド（六四）は「再先端の技術を駆使したところで、何百年も先まで放射能が残留する核物質の貯蔵が絶対安全との保証はない」と言い切った。

ロンゲラップ環礁の放射性物質除去を求めて対米交渉を進めていた同村議（当時）のジェー

ムス・マタヨシ（二七）は「私は、何千年も前にこの島を発見した先祖を尊敬しています。島の未来には希望を持っています。その島を核のゴミ捨て場にするなんて恥ずべきことです。こんなことをマーシャル住民が考えたとは、とても思えない。外国人の思いつきではないだろうか」と私に語った。

ロンゲラップ住民の中で指導的地位にあるマタヨシ（現在はロンゲラップ村長）は、大勢の被ばく者を生んだ水爆実験「ブラボー・ショット」について、「米国はロンゲラップにも死の灰が降ることを知っていて、意図的にやったと思う。米国は将来の核戦争に備えて、住民をモルモットにした」とハッキリ言う対米強硬派である。マーシャル政府がその米国にも核廃棄物処理場の提供を申し出たことに怒りを隠さない。

その一方、ビキニ環礁の村議会は九五年三月、核廃棄物貯蔵について住民を啓蒙するための情報収集を決議した。

ビキニ環礁は、ロンゲラップ環礁同様、核実験で被ばくし、住民は島に住めない状態が続いている。一九六八年に米国は一度は「ビキニ安全宣言」を出し、住民の帰島が始まった。しかし、七八年の放射能の残存値調査で基準を上回る放射能が検出された。帰島していた百四十人に強制退去命令が出され、住民は再び島を離れざるをえなかった悲劇的な歴史がある。それでも、村議会が核廃棄物貯蔵の検討に賛成したのは、放射能汚染のビキニ環礁の土壌を完全除去するのに億ドル単位の巨費が必要とされるため、経済効果を考えての苦汁の決定だった。

だが、その後、被ばく者を中心とする島民のほか、ミクロネシア連邦など周辺諸国からは、この計画には異議を唱える声が相次いだ。

ミクロネシア連邦の憲法の前文には、海の大切さがうたわれている。

「神から与えられた広大な海は、われわれを団結へと向かわせても、ふたたび分裂させることはない。島々に住みついた祖先は、だれかにとって代わって住まいを定めたのではない。われわれは、ここ以外の祖国を持たない。ミクロネシアの始まりは、人々がイカダやカヌーによって航海した時代である。わが民衆は、人が星をたよりに旅した時代に生まれた。われわれの世界は島そのものなのである」

国内外の反対論の合唱で、マーシャル政府は結局、核廃棄物貯蔵施設誘致計画を棚上げにせざるをえなかった。

2　ＴＭＤ、ＮＭＤ実験が進むクワジェリン環礁

＊「世界最大のキャッチャーミット」

クワジェリン環礁は「世界最大のキャッチャーミット」と呼ばれる。その礁湖に向かって、七千五百キロも離れた米カリフォルニア州のバンデンバーグ空軍基地から模擬ミサイルが発射され、着水する場所になっているからだ。

クワジェリンは九十三の環礁から成り、その面積は二千三百平方キロメートルもある世界最大の環礁である。この三十年余り、大陸間弾道ミサイル（ＩＣＢＭ）、ミサイル迎撃ミサイル（ＡＢＭ）などの発射実験が繰り返され、スターウォーズも想定した米国の戦略防衛構想（ＳＤＩ）の重要拠点だった。

その戦略環礁に転機が訪れている。東西冷戦の終結で、米政府はＳＤＩを中止。代わって、同環礁を湾岸戦争のような局地的な紛争に対応する戦域ミサイル防衛（ＴＭＤ）の実験場にする計画を立てた。バンデンバーグ基地から発射されたロケットを大気圏外で弾道弾で迎撃する実験場として、クワジェリンは最適だというのだ。

その米国の方針は一九九五年六月、同環礁で行われた米太平洋軍とマーシャル政府の高官協議の場で示された。この協議に出席したクワジェリン環礁開発庁のジェバン・リクロン長官は「米側は自由連合盟約期限後も環礁の継続使用と、他にアウルなど数環礁の軍事使用を要望した」と私に語った。

＊汚染される礁湖

米国は自由連合盟約に従って環礁最大の島、クワジェリン島などを軍用地として使用し、部外者の立ち入りを制限してきた。私がこの島の空港に降り立った際、島内での写真撮影は一切禁止され、イバイ島に向かう船の港に車で直行させられた。車が走る道路の両側には、米兵の住む宿舎が並ぶ。港の沖合にはヨットが多数浮かび、米将校たちの優雅な生活をうかがわせた。

米軍基地では五百人から六百人のマーシャル人労働者が雇用されている。地元で最大の職場である。今後は局地戦を想定した発射実験を実施するため、クワジェリン環礁以外の島にも軍事施設を築く案を米国側は検討している。しかし、基地の地主は今でさえ五千人もいる。

米政府は一九八六年、マーシャル政府との間で基地十五年使用の調印をしている。香港の英字誌『ファー・イースタン・エコノミック・レビュー』（一九九九年二月十八日号）が報じたところでは、この土地使用料は年間約千万ドルだが、マーシャル側はこれを千二百万ドル以上に引き上げたい考えという。

マーシャル諸島の事情に詳しいハワイ大学のロバート・カイスト太平洋諸島研究所長は、この引き上げ案に疑問を投げかける。ホノルルの大学オフィスで私のインタビューに応じたカイスト所長は「米国は、支払った金の浪費にいらだっている。過去のマーシャル政府の腐敗は知れわたっている」と語り、米政府の〝値上げ〟に否定的だった。

ミサイル実験による環礁の環境破壊は、地元にとっては大きな問題である。クワジェリン村のアボン・ジードリック管理者は「過去、模擬ミサイルが方向を誤って島のまん中に落下したこともあります。着弾や軍用艦が流す油で礁湖は汚染され、大きな魚がいなくなってしまった」と漁業への悪影響を指摘している。

ロバート・カイスト・ハワイ大学太平洋諸島研究所長（ホノルルのハワイ大学で）

かといって、いま米軍基地を撤去すると、地元の経済は干上がってしまう。リクロン開発庁長官は「軍事目的以外の経済開発の青写真は今のところない」と言い切る。

クワジェリン環礁は、最近は米本土ミサイル防衛（ＮＭＤ）の実験場としても使われている。カリフォルニア州の空軍基地から打ち上げられた大陸間弾道ミサイル（ＩＣＢＭ）を、同環礁から発射するブースターロケットで迎撃する実験だ。米政府は、朝鮮民主主義人民共和国（北朝鮮）のミサイル脅威を理由に、二〇〇五年にＮＭＤを実戦配備する目標を立てている。

クワジェリン環礁の米軍の土地使用を認めるマーシャル・米国間の自由連合盟約（八六年十月発効）は二〇〇一年に期限を迎える。両国の交渉がまとまらない場合、盟約は自動的に二年延長されることになっている。基地使用料などの問題はあるものの、交渉は米軍基地存続を前提に米国ペースで進んでいくだろう。

3　尾を引く日本軍による住民虐殺補償問題

✷飢餓地獄で起きた小島での人減らし

ミリ本島は、マーシャル諸島の首都があるマジュロ島の南方百キロ余りのミリ環礁に浮かぶ小島である。

この島には、マジュロから週に一便くらいしか軽飛行機のフライトがない。ここでまともに降

太平洋戦争中に落とされた不発弾の前に立つアンバル・カディン

り立って飛行機に飛び立たれたら、その後、一週間は島暮らしになる。私は航空会社にかけあい、取材のために着陸時間を延長し、その補償代金を支払うことで折り合いをつけた。

島の中央部にある雑草だらけの滑走路に降り立った途端、老齢の島民がたどたどしい日本語で話しかけてきた。

「戦争中の一九四四年、ミリ環礁のエニジット島でネミジという叔母が日本兵に処刑されました。銃撃され、刀で首を切られ、穴の中に埋められたのです。私の二人の息子も米軍の機銃掃射に遭い、死にました」

戦前、地元の日本語学校で勉強したというケイネップ・ロラン（七六）。サングラスの奥の目を潤ませながら重い過去を語った。

ロランに同行のアンバル・カディン（八一）も

ミリ島のジャングルには今も旧日本軍の砲台の残がいがある

「私の兄弟二人もネミジと一緒に日本軍に処刑されました。当時は島に食糧がなかったので、人減らし目的で抹殺されたのです」と言葉をつけ足した。

戦前、日本の統治下にあったミクロネシアの諸島は太平洋戦争後期、連合軍の島づたい作戦に遭い、日本軍の防衛拠点は次々に陥落していった。日本の軍人、軍属五千人以上が駐屯したミリ環礁は食糧補給路を絶たれて孤立し、島民五百人余りともに飢餓地獄に陥った。その極限の中で、住民虐殺が起きたのだった。

ミリ島をトラックで一周した。ジャングルの中には爆撃跡と見られる直径十メートル前後のクレーターがいたる所にある。住民が「不発弾」と言うサビだらけの砲弾も茂みにころがっているし、荒れ果てた砲台もそのまま残っていた。

ルクノール島での日本軍虐殺について語るジラン・ジティアム

「かつての農地が荒れたままで、島の土地の半分以上が未利用です。日本政府はこの島でまだ戦争の後始末をしていないのです」と、ミリオン・カルベン村長（四二）は訴える。

この問題に精力的に取り組んでいるミリ環礁出身のケジョ・ビエン上院議員（五一）に、マジュロ島のオフィスで会った。彼の調査によると、同環礁では一九四四年初めから四五年一月までの間、計二十回にわたって住民虐殺事件が起き、子どもを含め計百九十八人が犠牲になったという。

このうち、一九四五年一月一日に起きたルクノール島での虐殺事件が最も多い犠牲者を生んだ。日本兵は日本刀で斬首するなどして、次々、住民を「処刑」したという。「食料不足のために、住民の抹殺を図ったとしか思えない。殺せば、食料の割り当てが増えると思っての数減らしだったのではないか」とビエン議員は推測する。

戦時中、ルクノール島に居住していた漁民のジラン・ジティアム（六五）が、ビエン議員のオフィスで私を待ってくれていた。彼のおじとその妻がルクノール島で虐殺の犠牲になったという。当時、同島には約五百人の日本兵が駐屯していたが、飢餓の蔓延で精神状態がおかしくなっていた。島には二、三百人の住民がいた。虐殺は、海岸べりに穴を掘り、住民がいる前で行われた。「処刑」された中には、小さな子どももいたという。

「私はその前で何もできませんでした。悲しく、ただ泣いていた」と、ジティアムは言った。

✷「補償問題は解決済み」と突っぱねる日本政府

ビエン議員は一九九一年以来、訪日するなどして、日本政府にこの犠牲者のリストを提出するとともに、個別補償や爆撃地の原状復帰を要求している。

マーシャル政府も九三年、カブア大統領（当時）名で、千五百万ドルの戦時賠償支払いの検討を求める書簡を羽田孜外相（当時）に出している。これに対し、羽田外相は「一九六九年に日米両政府が締結したミクロネシア協定で法的に決着済み」と回答した。

ミクロネシア協定とは、サンフランシスコ講和条約の特別な取り決めである。日米両国が「第二次大戦中の敵対行為の結果、ミクロネシア住民が被った苦痛に対し、ともに同情の念を表明し、住民の福祉のために自発的拠出を行うことを希望して」、締結された。「自発的拠出」の内容とは、米国が五百万ドルの基金を創設し、日本が五百万ドル相当の現物と役務（サービス）を提供するというものだ。これでミクロネシアへの賠償問題は「完全かつ最終的に解決された」とうたわれている。

当時、国連の信託統治下にあったマーシャル諸島などのミクロネシアは交渉当事者と見なされず、協定は彼らの頭越しに締結された。

日本の外務省大洋州課に、この問題を問い合わせると、「ミクロネシア協定の締結で、国と国の間では問題は解決している。解決済みなので、改めて調査の予定はありません。個別に現地の議員と交渉する立場にはありません」というそっけない答えが返ってきた。

ビエンはじめミリ島民は、日本の回答にまったく納得していない。ビエンは「ミクロネシア協定は、住民に何の相談もなく、日米が勝手に取り決めたもの。われわれはこの協定に全く関与していません。犠牲者の遺族に実際に支払われたのは、一人あたり五十ドルから五百ドルにすぎない。こんな額では、とても賠償とは言えない」と主張する。

マーシャルはもう一つ、大きな賠償問題を抱えている。米国の核実験被ばく者への償いだ。前にも述べたように、米政府は八六年、被ばく者のために約四千六百万ドルの基金を創設し、病状によって一人あたり最高十万ドル単位の補償を支払っている。米国の前向きな対応が、それと対照的な日本の対応への住民の不満につながっている。

「核実験による被ばくは事故。それでも、米国は被害者に補償しています。虐殺はそれよりはるかに悪質な行為なのに、日本は補償を拒んでいる」

ビエンはこう言って憤慨する。彼は九五年二月に日本の外務省を訪れ、再度、問題提起した。外務省は「ODA（政府開発援助）の形で島のクリーニングは検討する」と答えるにとどまったという。ビエンは「ODA事業では、虐殺の犠牲者の家族は癒されない」と主張する。

当事者抜きの日米協定で個人の補償請求権まで放棄されるのか。マーシャル国民の切実な問いかけを、日本政府は無視し続けていいものだろうか。

4　マーシャルを見舞う新たな危機

✷地球温暖化による水没の恐怖

マーシャル諸島には、長期的にみると、核実験の後遺症以上に深刻な問題がある。地球温暖化による海面の上昇と、それに伴う島の水没である。

海面上昇にともなう祖国の危機を訴えるジュード・
サムソン牧師（左、1999年３月18日、大阪市内で）

マーシャルは二十九の環礁と五つの島からなるが、海抜はいずれも一～五メートルの範囲内にある。「気候変動に関する政府間パネル」は一九九五年の報告書で「二十一世紀末には最悪、マーシャル諸島の八〇％が水没する恐れがある」と警告している。

この問題を日本でいち早く訴えたのは、ジュード・サムソン牧師である。地球温暖化防止京都会議に合わせて、一九九七年十二月に京都市で開かれた「地球温暖化防止・宗教者の集い」にマーシャル代表として参加したサムソン牧師は、「先進国が招いた地球温暖化の影響で、マーシャルは来世紀末に水没する危機にある」と報告した。

この報告にショックを受けたのが、この会議の主催者の一人、平田哲である。平田は国際貢献できる人材育成などの活動をしているＮＰＯ（特定非営利活動法人）「アジアボランティアセンター（ＡＶＣ）」（事務局・大阪市北区）の代表である。平田はその後、現地にスタディツアーを実施するとともに、九九年三月にはマーシャルから官房副長官ら十二人のマーシャル人を日本に招き、大阪、京都などで彼らから現地事情を聞く集会を催した。

ＡＶＣが同年三月十七日に大阪市内で催した「核と温暖化を考える集会」に、私も出席した。この集会で、プロテスタントのジュード・サムソン牧師は「島の海抜は二メートルくらいなので、海面が三、四メートル上昇すると、島は消えてしまう。マーシャルの人々の中には、外国に土地を買って移住を考えている人もいます」と報告した。

牧師は、一九一四年から四四年までの日本統治時代にも触れ、「日本軍は『海の壁』で島を囲ったが、米軍が防波堤を破壊してしまいました。水没対策は、島を防波堤で囲むことしかない」と言った。

同行の官房副長官、ボトラン・ロイヤックは、核実験問題を中心に語った。

「核実験では、ビキニ、ロンゲラップ、ウトリック、エニウェトクの四つの環礁が悪影響を被った。しかし、他にも放射能汚染の調査結果が出て、他の島々にも被害が広がっていることがわかってきた。米国が被害の調査を実施しているが、われわれの方に科学者がいないので、放射能の数値をどう読むか、分析できていない状態です。われわれは独立した自前の科学者をもたないとい

『マーシャル・アイランド・ジャーナル』編集長のギフ・ジョンソン（2000年６月、マジュロ島で。ＡＶＣ提供）

けない。ロンゲラップ環礁などがもう安全に帰島できる状態かどうかを見極める第三者機関の創設も必要です」

この集会に参加した日本の中年女性から、マーシャルの一行に厳しい質問が浴びせられた。

「あなたたちは将来、マーシャルをどういう国にしたいのか。自立したいのか、それともいつまでもアメリカや日本に援助を求めたいのか。いつまでもアメリカに頼っていてはダメではないですか」

この叱責調の質問に、サムソン牧師が「われわれはすでに独立しています。しかし、米国がまだわれわれの島を必要としているのです」と冷静に答えたのが印象に残った。

✷「動物園政策」の後遺症とたたかう若者たち

ＡＶＣは二〇〇〇年三月、ＮＴＴ労働組合西日本

本社支部の若年組合員十二人を案内して現地視察した。このとき、地元の英字紙、マーシャル・アイランド・ジャーナルのギフ・ジョンソン編集長にも会った。彼は「小国は発言力が小さい。日本、米国、オーストラリアなどの市民が声を出し、各国政府に圧力をかけて欲しい」と述べ、先進国の市民が温暖化ガス放出抑制のイニシアチブをとることを要望したという。

ＡＶＣが現地視察を重ねるうち、被ばく者や地球温暖化以外にも、現地にはさまざまな問題があることがわかってきた。

動物園で飼育する動物のように住民を扱う、米国の「動物園政策（ズー・シオリー）」の後遺症である。米国は核実験の見返りにマーシャル住民に多額の補償金支払いや食糧援助を行ってきた。だが、それは、住民たちのそれまでの自給自足に近い生活を壊す結果を招いた。かつての「海の民」は、海での漁労活動をやめ、米国から与えられるフード・スタンプ（食料配給券）で魚の缶詰などを買って飲食する生活になった。

島にはこれといった産業も職場もなく、将来に希望を持てない青少年の中には、アルコール中毒に陥ったり、自殺する者も少なくない。

しかし、希望の芽もある。マジュロ島に事務所があるＮＧＯ「ユース・トゥー・ユース・イン・ヘルス」は一九八六年以来、人口急増（人口増加率は年四％余り）抑止のための家族計画、食生活の改善、自殺予防など、若者が抱える問題に意欲的に取り組んでいる。高校生、大学生、不登校

マジュロ島の中心街。フードスタンプで食料を買う住民も少なくない

「ユース・トゥー・ユース・イン・ヘルス」の若者たち（1999年７月、マジュロ島で。ＡＶＣ提供）

児ら十四歳から二十五歳のボランティアが活動の中心である。

マジュロ島には最近、独特の水利システムと有機農法を採用した農園も誕生した。ＡＶＣやＮＴＴ労組は、こうした島民の自立を促進する支援活動を当面続ける予定である。

V　パラオ諸島

ペリリュー島に残る戦車の残がい（松島泰勝氏提供）

パラオ諸島
0
10km
ハベルダオブ島
マルキヨク
コロール
コロール島
ウルクタペル島
アイル·マルク島
ペリリュー島
アンガウル島

1　独立までの長い道のり

✴非核憲法で知られた最後の国連信託統治領

グアム島を飛び立って、二時間余りでパラオ諸島共和国の首都があるコロール島のアイライ国際空港に到着する。フィリピン・マニラのニノイ・アキノ国際空港からでも、二時間四十分ほどの近距離である。

上空から見たパラオ諸島の光景はすばらしい。海は一面、翡翠色で、空から魚影が見えるほどの透明度である。そのところどころに、こんもりと木々が生い茂った小さな島が散在する。島の数は全部で二百ぐらいで、有人島は十前後。一九一四年から三十年間にわたる日本の統治時代には「南洋松島」と形容された。「南海の楽園」と呼ぶにふさわしい光景である。

パラオは、核の使用、貯蔵などを禁じる自主制定の厳しい「非核憲法」でも世界に知られた。

この憲法は、百回以上の公聴会を経て、一九七九年四月に草案が完成した。ハルオ・レメリーク副行政長官（当時）を委員長とする憲法制定委員三十八人が作成した。八〇年七月の住民投票

上空から見たパラオの小さな島々

にかけられ、賛成大多数で成立した。
憲法の中で、世界的に注目されたのが、以下のような、第十三条第六項の「非核条項」だった。
「戦争での使用を目的とした核兵器、化学兵器、ガス兵器、生物兵器、さらに原子力発電所、およびそこから生じる廃棄物などの有害物質は、パラオの司法権が行使される領域内で使用、実験、貯蔵、処分してはならない。ただし、この特別な問題に関し、国民投票で投票総数の四分の三以上によって明白な承認が得られた場合は例外とする」
「非核条項」は、この地域でパラオの専売特許ではない。それはミクロネシア連邦の憲法にもあるが、パラオの場合、核の実験・貯蔵などを認めるには「投票総数の四分の三以上の承認

住民投票所になったパラオ伝統のアバイ（集会所）スタイルの公民館（コロール島で）

が必要」という極めて厳しい規定が世界の注目を集めた。

七九年七月に実施された憲法可否の住民投票では、九二％の圧倒的多数の賛成を得て憲法が承認された。

憲法制定後、パラオは護憲派と盟約派に分かれた。盟約派とは、米国に軍事・防衛権を譲る代わりに、内政自治と、軍事・防衛権に抵触しない範囲の外交権はパラオ政府が握り、米国から経済援助を得られる「自由連合」の盟約に賛成するグループである。

自由連合盟約の是非をめぐる住民投票は、同共和国では一九八三年から九〇年まで計七回実施され、いずれも賛成が半数を超えた。しかし、「四分の三以上の賛成が必要」という憲法規定の高いハードルを超えることはできず、盟約承認には至らなかった。

その間、盟約をめぐる島内対立を背景に、政治的事件が相次いだ。初代大統領、ハルオ・レメリークが一九八五年六月に暗殺され、そのあとを継いで大統領になったラザルス・サリーも八八年八月に頭部に銃弾を受けて死亡した。

そこに転機が訪れたのが、九二年十一月の住民投票である。ニラケル・エピソン大統領（当時）の強い後押しを得て、住民が有権者の四分の一の署名を集めて憲法修正投票を請求した。投票の結果、投票者の六割以上が修正を支持した。これで、自由連合への移行承認は、従来の「七五％以上」から「五〇％以上」へとハードルが低くなった。

＊骨抜きになった非核条項

一九九三年十一月九日、米国との自由連合盟約の賛否を問う八回目の住民投票が行われた。当時、私はこの住民投票を現地で取材した。ハードルが低くなった分だけ、盟約承認の可能性は極めて高くなった。有権者は約一万二千人。公民館などが投票場になった。

結局、盟約は投票者の六八％が賛成して承認された。盟約はパラオの憲法より優位に立つ。米国に軍事・防衛の権利を譲ることは、米軍の核の持ち込みを容認することを意味する。憲法の非核条項は凍結され、事実上、骨抜きになった。米国は今後、五十年間にわたって同諸島の軍事利用の権利を得た。同時に世界で最後の国連信託統治が終了した。

自由連合への移行で、米国は今後十五年間分の経済援助として約四億五千万ドルを供与する見返りに、パラオの防衛権を得て、米軍の艦船寄港や航空機の離発着ができるようになった。

一九九三年五月、クリストファー米国務長官（当時）はパラオのナカムラ大統領（当時）に以下のような書簡を送っている。

「アメリカは現在、パラオに軍事基地を建設する予定はない。パラオに軍事を展開するのは有事の際に限る。平時にパラオの領海や領土を核や化学汚染した場合は責任を持って処理し、十分な補償に応じる。財政援助について、協定後も話し合いに応じる」

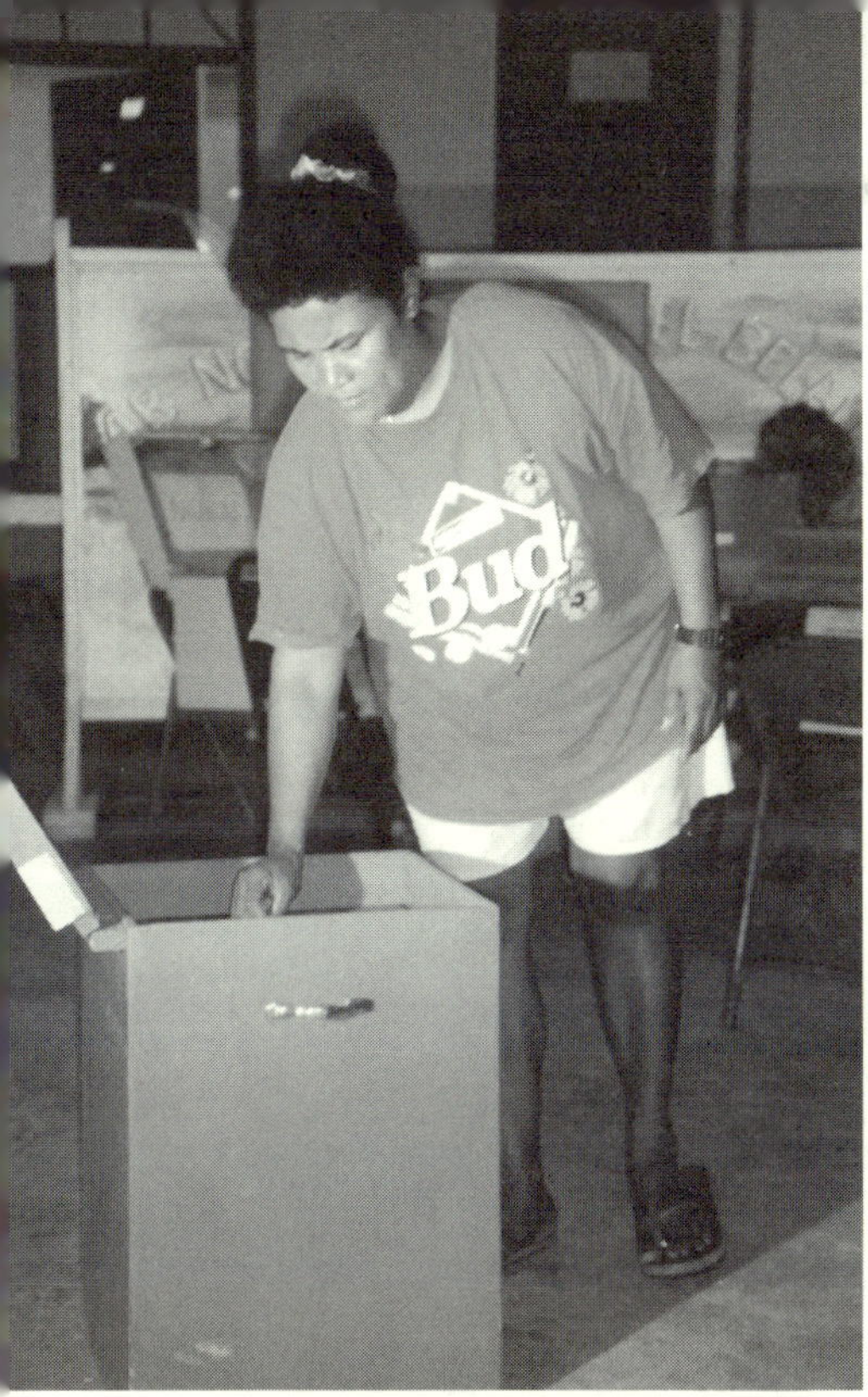

米国との自由連合盟約に賛否の一票を投じる有権者（1993年11月９日、コロール島で）

しかし、自由連合盟約には、バベルダオブ島のアイライ空港とコロール島のマラカル港周辺の計四十二ヘクタールの土地に軍事基地を建設できる規定も含まれている。米国にとっては、九二年の在フィリピン米軍基地

南洋庁パラオ支庁の建物をそのまま使っているパラオ最高裁判所（松島泰勝氏提供）

全面撤去で失った西太平洋の「力の空白」を埋める軍事拠点を将来、再建することも可能になった。

ナカムラ大統領は対米交渉を終えた九四年五月、国連信託統治理事会で「今年十月一日をもって自由連合関係の下に独立する」と報告した。地元の反核・護憲派は「自由連合の期間（五十年間）が長すぎる」などと主張し、住民投票差し止めの訴訟を複数起こした。だが、地元の裁判所は訴えをいずれも却下した。

この判断を下したパラオ最高裁判所は、戦前の南洋庁パラオ支庁の建物を今もそのまま使っている。

✳パラオ住民の対米意識と米軍戦略

自由連合の盟約が承認されたのは、冷戦の終焉によって核使用の危険性が薄らぎ、在外米軍基地も各地で閉鎖、縮小される中でパラオに米軍基地が建設される可能性が小さくなったと、パラオ政府や住民が判断した結果でもある。また、国連信託統治下では新たな立法措置をとるにもいちいち米政府の許可が必要で、経済振興のための外国との投資や貿易拡大にも不便をきたしていた事情がある。

このため、防衛権は米国に委ねるが、自治権と限定的な外交権が得られる自由連合になって国家整備を進め、盟約の期限が切れる五十年後には完全独立も可能な道をパラオ住民は選択することにしたのである。

とはいえ、パラオ住民の意識が、国際情勢の変化に伴って大きく変わったとも言い切れない。この点については、ミクロネシア情勢に詳しい小林泉・大阪学院大学教授の冷静な分析がある。同教授のまとめによると、自由連合をめぐる過去八回の住民投票の賛成の結果は以下の通りである。

回数	実施年月	賛成得票率
第一回	一九八三年二月	六二％
第二回	一九八四年九月	六七％
第三回	一九八六年二月	七二％

第四回　一九八六年十二月　六六％
第五回　一九八七年六月　六八％
第六回　一九八七年八月　七三％
第七回　一九九〇年二月　六〇％
第八回　一九九三年十一月　六八％

第七回の住民投票までは、賛成が四分の三、つまり七五％という高率を上回らないと、自由連合盟約が承認できなかったために否決されてきたものの、常に住民の過半数は盟約承認派だった。九一年にはソ連の崩壊、東西冷戦体制の終結という歴史上の大きな動きがあったが、それ以前から一時は七割を超える住民が賛成票を投じていた。

憲法の改正に伴って過半数の賛成で盟約が承認できるようになった九三年の投票で、初めて承認されたわけだが、それとて過去最高の得票率を得たわけではない。この十年間、パラオ住民の意識は大きく変わったわけではなく、「四分の三以上」から「二分の一以上」への憲法改正が盟約承認上、決定的要因になったといえるだろう。

一方、米国にとっては、フィリピンのクラーク空軍基地（一九九一年十一月、フィリピン政府に返還）、スービック海軍基地（九二年十一月返還）からの全面撤退以降の軍事拠点分散をいっそう推し進めることができる。米政府は在比米軍基地撤去後、シンガポール政府との間で、米艦船の寄港、空軍機の乗り入れ、燃料補給などを認めてもらう取り決めをしている。パラオにも軍事的にアクセスできるようになれば、フィリピンで失った西太平洋の前進拠点を確保できることになる。

パラオの指導者たちは、財政難から海外の軍事基地を撤去したり、縮小しつつある米政府が、いまさら莫大な資金を投じて、新たな基地をパラオに築くとは考えていない。それでも、一部住民の間には、将来、米国の基地建設などで住民の土地や権利が奪われることを懸念する意見がある。

✴ナカムラ大統領インタビュー

住民投票の結果、米国との自由連合への移行が決まった直後、私は首都のあるコロール島の大統領府を訪れ、日系人のクニオ・ナカムラ大統領（当時）に会見した。

ミクロネシアでは、日系人の大統領が少なからず輩出している。ミクロネシア連邦のトシオ・ナカヤマ、マーシャル諸島のアマタ・カブア、パラオのハルオ・レメリークとナカムラである。

ナカムラ大統領は、太平洋戦争中の一九四三年十一月に、日本軍の「玉砕の島」として知られるペリリュー島で生まれた。五人兄弟の末っ子である。父親は三重県伊勢市出身の中村善七、母

大統領執務室でインタビューに応じるナカムラ大統領（当時）

親はパラオ人。船大工だった父親は戦前、パラオに移住してアンガル島の鉱山会社で働いていた。終戦後、一家は日本人の家族として強制収容所に入れられ、家族とともに日本に引き揚げ、埼玉県で三年ほど暮らした経験がある。そのころのことを、ナカムラは「寒かったですよ」と日本語でいう。

グアム島の高校を卒業後、ハワイ大学で経済学を修め、その後、国連信託統治政府で働いた。パラオの憲法制定メンバーの一人で、非核条項には深く関わった。八〇年から八四年までパラオ議会の上院議員を務め、八八年に副大統領に選ばれた。九三年一月に第四代大統領（任期四年）に就任し、九六年十一月の選挙で再選されている。パラオ人女性との間に三人の子どもがいる。

以下はナカムラ大統領へのインタビューのやり

とりである。

――投票結果についてどうお考えですか。

大統領　有権者一万一千人のうち、七割は国内だが、残り三割は海外居住者です。投票率は、私の事前の予想では六八％ぐらいだったが、結果は七〇％以上で、それよりも良かった。パラオ人は全員、この結果を尊重するでしょう。

――憲法修正の住民投票を実施した理由は何ですか。

大統領　私は自由連合の盟約について中立で、確たる立場はなかった。住民の多数の意思を知りたかった。個人的には、特に非核条項については保留して欲しいと思っていたが、住民の意思を支持することが大統領の義務だと思った。大多数の意思を尊重することが民主主義です。

――自由連合の盟約に不満はないのですか。

大統領　これは完璧な文書ではない。結婚のようなものです。一〇〇％パラオに有利でもなければ、一〇〇％米国に有利でもない。適当な時期に盟約の欠点を変更したい。米国の拒否権条項（安全保障や防衛上、米国の立場とあいいれない場合はパラオ政府の行動を抑制することを定めている）が最大の問題です。

――憲法の非核条項は、盟約承認で骨抜きになりました。

大統領　個人的には、非常にいい条項と思っている。核兵器廃絶をめざす全世界の努力に合致したものです。私は条項を愛しているが、ときには現実的になるしかない。核のない世界をめざすうえでは、とてもいい憲法だと思っています。

——世界の情勢は憲法制定時と大きく変わりました。

大統領　憲法制定時にはソ連の軍事的脅威があり、中国の共産主義の影響力は強く、フィリピンには多数の新人民軍（共産ゲリラ）がいました。しかし、いま太平洋は世界で最も平和な海洋です。米国が今後、パラオ諸島に軍事基地を築く可能性は極めて小さいでしょう。

——自由連合移行後の経済運営をどうお考えですか。

大統領　今年は年間予算の五三％を地元からの歳入で賄いました。今後、この比率を八〇％に引き上げたい。私の政権時代に経済分野の発展を確かなものにしたい。

——防衛権や軍事的便宜供与の見返りに米国から得る約四億五千万ドルの援助は何に使いますか。

大統領　インフラ、教育、保健などの施設改善に充て、経済的自立を急ぎたい。

——ご自身が日本人の血を持つことについて、どうお考えですか。

大統領　私は父の祖国を愛しています。二つの国にまたがって生まれたことを幸せに思っています。高級なオフィスの奉仕者として働くことができ、恵まれていると思っています。

パラオには、日系人でも大統領に選ばれる風土がある。第二次大戦まで三十年間、この地を統治し、南洋庁の本庁も置いた日本の〝遺産〟は、まだ島民の暮らしに色濃く残っている。「センキョ」「モンダイ」「ヒコーキ」「ショーユ」「ゲンカン」などの日本語がまだそのまま住民の間で使われている。「ユタカ」「ハナコ」など日本名の住民も多い。

ナカムラ大統領の父親は戦後、三重県で亡くなっているため、大統領は何度か墓参で同県を訪れている。父の出身県とのつながりは深まり、一九九六年七月にはパラオ共和国と三重県の間で友好提携が結ばれている。三重県の経済団体は「パラオ青少年育成基金」を作り、パラオに教材や英文タイプライターを送るなどしている。パラオから技術研修生を受け入れる活動もしている。日系大統領の存在が、パラオと日本のきずなをいっそう強いものにした。

✷苦悩の末に自由連合を選択

世界で最後の国連信託統治領だったパラオ共和国は、一九九四年十月一日、米国との自由連合に移行し、「独立」を宣言した。この日、首都コロールでは独立祝賀式典が行われた。私は新聞社の特派員として再び現地に飛び、式典を見守った。

この日の「独立式典」には政府が動員した小学生や高校生を中心に数千人が参加した。演壇に

パラオ独立祝賀式典に参加したペリリュー島の代表団

立ったクニオ・ナカムラ大統領は「パラオは今日、信託統治の安全な港を出て、国際社会の最も新たな一員として歩み出す」と述べ、約百年にわたる外国の支配からの解放を宣言した。政府要人が叫ぶ「独立を果たした」「主権国家になった」の言葉に、会場から大きな拍手や喚声がわいた。会場には、青地に満月の国旗がたなびいた。

しかし、将来、米軍の基地建設で土地が奪われることを恐れる地主や、核の持ち込みに反対し、世界で最も厳しい「非核憲法」の制定に動いた女性団体などは、式典への参加を拒否した。

ナカムラ大統領は、独立演説で、「二分した問題は過去のものにしなければならない」と述べ、盟約反対派の国民も一丸となって新たな国家建設に参加するよう呼びかけた。

この時点では、自由連合をめぐって賛否両論があった。

まず、この自由連合を推進した元大統領のニラケル・エピソン（六八）に聞いた。彼は一九八九年一月から九二年十二月まで大統領職にあった。日本統治時代にマスターした日本語を流ちょうにしゃべる。

「コンパクト（自由連合盟約）の内容は、いいところも、おかしなところもある。土地の権利がはっきりしていないし、核（の通過や持ち込み）に対する反対意見もある。しかし、コンパクトを直すには遅すぎた。修正するには長い時間がかかる。もうアメリカとの間で契約はかわしているし、自分たちでむやみに変えることはできなかった」

「土地の件や、盟約期間（五十年）の件では、アメリカと意見が合わなかった。九〇年三月ごろだったか、私の方から米内務省に質問したことがある。す

パラオ独立を祝い、アバイ（集会所）前で行われた若いカップルの儀式

自由連合を推進した元大統領の
ニラケル・エピソン

ると、アメリカの大使が来て、『自由連合がいやなら独立したらどうか』と言われました。完全独立は無理ですよ。病院、学校、政府を動かす予算が足りない。安全保障の問題もある。パラオには警察はあっても、軍隊がない。自由連合しか道は残されていなかったのです」

エピソンは、米国政府の圧力を受け、苦悩の末に自由連合を選択したことを打ち明けた。

「わが国のような小国は地域の指導者になろうとは思わない。末永く、平和に生きていくのが一番。アメリカに守られて初めて平和に生きていける。アメリカについていれば、パプアニューギニアにもフィリピンにもいじめられない」

私にそう語ったエピソンはその三年後、米カリフォルニア州の病院で亡くなった。

✴大酋長は自由連合反対の急先鋒

目田連合盟約の問題点を指摘するユタカ・ギボンズ

パラオには長年伝来の酋長制度が根強く存在する。酋長は全国に十六人いて、全員が大統領の顧問を務めるなど、今も隠然たる政治力と経済力を持っている。この中に、広大な土地の利用承認権を持っている大酋長が二人いる。北部のアルクライ家と南部のアイバドール家である。

その一人、ユタカ・ギボンズ（四九）は、アイバドール家に属する。彼は自由連合盟約反対の急先鋒で、独立祝賀式典にも出席しなかった。コロールの中心街で「ギボンズ・エンタープライズ・コーポレーション」という会社を経営し、不動産、貿易、漁業など幅広いビジネスを手掛けている。彼のオフィスを訪ね、話を聞いた。

ギボンズは、盟約の問題点をいくつか挙げた。

「一つは、米軍に支配され、われわれの土地を失うこと。パラオは依然として戦略的な位置にある。ソ連が崩壊し、冷戦が終わったといっても、（盟約期間の）五十年もの間には何が起きるかわからない。もう一つの大きな問題は、拒否権条項です。われわれは二百カイリの経済水域を失い、十二マイルに限定されてしまう。わが国は米国の植民地になってしまう」

「今後十五年間で四億五千万ドルのアメリカの援助金も、パラオが経済的、社会的に強くなるためには十分とは言えない。私たちは、先に自由連合になったミクロネシア連邦やマーシャル諸島共和国の現実を目にしている。そこでは現地に職がないから、住民の多くがグアム島や米国の本土に移住しています。グアムや米国は生きるのにもっと大変な土地なのに……」

ギボンズはこれまで何回か自由連合盟約の違法性を訴えて、裁判所に提訴している。米国ワシントンの連邦地裁にも訴えている。その数カ月前にも、住民投票のパラオ語と英語の意味が異なる箇所があるとして、地元の最高裁判所に訴えたが、これは却下されている。

ギボンズは、「非核憲法を堅持する運動」を推進したとして、途上国の平和運動に対して授与されるスウェーデンの「リブリーフット賞」を受賞している。しかし、私が彼の話を聞いた限りでは、「反核」というよりも、地権者の大酋長として、土地の権利が米国に侵されることを何より懸念しているように思えた。

✷非核運動の原点は戦時体験

米国との自由連合盟約に反対意見のガブリエラ・ニルマン

米軍の土地使用や核の持ち込みも認める自由連合盟約を「不平等」と感じている住民は他にもいる。

「みんな独立、独立というけど、コンパクト（盟約）は独立じゃない。コンパクトには、アメリカ軍が欲しい場所はあげるという規定が入っている。それは独立ではありません。アメリカに私有地を使用させることは、パラオの憲法にも違反しています」

首都コロールの女性団体「ガラマイベレル」の代表、ガブリエラ・ニルマン（七二）は、戦前の日本統治時代に習った日本語で怒りを表現する。

ニルマンはパラオ独自の「非核憲法」（一九八一年公布）制定に積極的に動いた一人。ガラマイベレルは、高校卒業以上の女性二百人くらいで組織され、島で奉仕活動をしたり、相互扶助活動を展開している。彼女の非核運動の原点には、太平洋戦争中の苦しかった体験がある。

「私たちの年代は大戦を経験していますが、傷ついたり、焼夷弾が落ちて燃えたり、食べるものもなかった。コロール島は日本軍に占領され、住民は追い出されてバベルダオブ島に移らされました。そこには食べ物もなく、本当に困った。私は軍は大嫌いなんです。ここに日本兵がたくさんいたために、アメリカの軍隊がたくさん入ってきました。軍隊がいなければ、敵は入ってこないんです」

戦時中、バベルダオブ島には、ペリリュー島の島民約千五百人も強制移住させられていた。これら避難民はジャングルの奥深くで耐乏生活を強いられた。

一九四三年には、日本軍によって住民の青年男子でつくる「パラオ挺身隊」が組織され、ニューギニアの戦場に送り込まれた。その数は数十人と推定されるが、半数近くが戦死、もしくは未帰還兵になっている。四四年三月以降、コロールは米軍の猛爆撃を受け、灰《かい》じんに帰した。

ニルマンは、独立式典について「私はとても悲しい。多くの人が、これはパラオの独立ではないと考えています。祝うような機会ではありません」と言って、独立祝賀はナンセンスであることを強調した。

それでも、九三年の住民投票では有権者の三分の二が米国の軍事基地建設を認める盟約に賛成票を投じ、憲法の非核条項は凍結された。

「パラオ政府は米国に援助をしてもらっているのに、それを（盟約理解のための）住民への教育に使わなかった。住民は盟約の内容を十分理解していません。パラオ政府は意識的に教えなかったのです」

では、パラオは国連信託統治のままが良かったのか。その質問に、ニルマンからは思わぬ答えが返ってきた。

「こんな小さな島は、国連の支配がいいと思う。そうすれば、戦争に巻き込まれることはありません」

彼女の心には、太平洋戦争中の体験を通じて軍事大国に支配される怖さが深く刻み込まれている。

✳複雑化する土地問題

パラオには、反核の女性闘士が他にも少なくない。コロールでスーパーマーケットとガソリンスタンドを経営するグロリア・サリ（四四）もその一人である。

サリは、「パラオで最高位の女王」だという。先に紹介したユタカ・ギボンズが実兄である。「女王」ということで、いくつかの女性団体の長も務めている。

サリも、盟約の最大の問題として「自分たちの土地が軍事目的や戦争目的に使われること」を上げる。盟約では、米軍がコロール島のマラカル港周辺の土地を軍事基地として使用できること

「パラオ最高位の女王」というグロリア・サリは反核の女性闘士だ

が定められている。サリは「あの土地について、コロール州政府は自分の土地と言っているけど、それは正確ではない。あれは、私たちの土地なんです」という。

日本政府は戦後、土地台帳をもとに、没収していた土地をパラオ側に返還したが、まだ地主のもとに返っていない土地もあるそうだ。「自由連合が発足して、土地問題はこれからもっと大きくなってくる」と、サリは予想している。

パラオでは、憲法で中央政府の土地所有は禁じられている。酋長などの有力一族が土地の大半を所有し、残りは州政府の所有になっている。ところが、この土地の区割りが明確ではない。外国資本が州政府から許可を得てリゾート開発を進めようとすると、別にその土地の所有を名乗る人物が現れ、訴訟ざたになるケースがこれまでにも少なくない。盟約の発効は、この土地問題をさらに複雑にしそうだ。

サリたち女性グループは、パラオ政府に国づくりのマスタープランを提示している。

「政府をもっと小さくして、職員の数を減らして民間部門にまわす。そうすれば、今のように、フィリピン人はじめ外国人労働者を大勢、受け入れる必要はない」という。

パラオの政府職員は大半がパラオ人だが、サービス、建設などの民間部門は労働者の半数以上が外国人。約六千人の在住外国人の四分の三はフィリピン人で占められる。これは、サイパン島などの北マリアナ諸島と同様の傾向だ。

サリは、パラオ政府が目指す観光立国にも否定的だ。

「観光客には来て欲しいが、環境保護の配慮が必要です。海からは、われわれの食物の糧が来ている。観光で島を壊してはならない。ここには、大きすぎるホテルはいらないのです」

✷不安な旅立ち

パラオよりひとあし先の一九八六年に米国の自由連合に移行したヤップ、チューク、ポンペイ、コスラエの四州からなるミクロネシア連邦の現状も、パラオ国民に不安を与えているようだ。同連邦は産業育成に失敗し、一人あたり国内総生産（GDP）が独立後も千五百ドル弱と横ばい状態が続き、九六年でも二千五十ドルと低迷している。町には失業者があふれ、自由連合でビザが不要になった米国への出稼ぎラッシュが起きている。

一方、パラオは九二年の一人あたりGDPが五千七百ドル弱で、ミクロネシア連邦の二倍以上である。だがそれも、人口の一割以上を占める政府職員の給与が米国の援助で高額なのが一因だ。九五年の歳入は七千五百七十万ドルで、その約七割を米国の援助に頼っている。

歴史的につながりの深い日本からの援助も、この国にとっては重要だ。日本は、第一次世界大戦後の一九一四年にパラオ諸島を占領し、二〇年から国際連盟の委任を受けて四四年まで統治した。二二年には南洋群島の民生統治の行政機関である南洋庁の本庁をパラオの中心地コロールに置いた。一九四一（昭和十六）年時点では、コロールには島民約千五百人に対し、日本人が一万三千人も住んでいた。ナカムラ大統領は日系人ということもあり、たびたび日本を訪れて、パラオの経済的地位向上に向けて日本政府に支援を依頼した。

ナカムラ大統領は「我々は世界で最も依存心の強い国民」と認め、精神面での「独立」を国民に呼びかけた。米国の援助が切れる二〇〇九年までに、美しい豊饒の海を生かした漁業や観光を中心とした産業の振興で財政的自立ができるかどうか。

大統領を二期務めたナカムラは二〇〇〇年末に任期切れを迎えた。これに伴って、この年の十一月七日に行われた大統領選挙では、副大統領のトミー・レメンゲサウ・ジュニアと日系のピーター・スギヤマ上院議員の間で一騎打ちの選挙戦が繰り広げられた。結果は、ナカムラ大統領のもとで八年間、副大統領を務めたレメンゲサウが接戦をものにした。パラオの政治は新段階を迎えた。

2 ダイビング観光の問題点

✴六人遭難事故の現場を見る

パラオは、ダイバーのメッカとして有名である。日本のダイバー人口はいま約六十万人といわれるが、国内でのダイビングに飽き足りず、海外でダイビングを楽しむ人も増えている。その中で、最も人気のある国の一つがパラオである。それほど、パラオの海は美しい。ナポレオン、サメ、マンタなどの大型魚にも容易に出会えるスポットがいくつもある。

パラオを訪れる外国人旅行客は年間四万人以上だが、この約半分が日本人。さらに、その六割がダイビング目的の訪問とみられている。

ダイバー仲間の間では、パラオといえば、一九九四年二月五日に起きた日本人ダイバーら六人

マッシュルーム型のロック・アイランズ

の遭難事故の記憶がまだ新しい。遭難者が六人というのは、ダイビング史上まれにみる大惨事である。当時、私は現地に飛んで取材にあたった。

遭難したダイバーはどんな所で潜っていたのか。コロール島からモーター・ボートで遭難現場に向かう。翡翠《ひすい》色の海の各所に、マッシュルーム型の大岩がそびえ立つ。岩の波打ち際が数十センチから一メートルぐらいえぐり取られている奇岩、パラオ名物のロック・アイランドである。ボートで一時間半くらい走って、やっと事故の現場であるペリリュー島近海にたどり着いた。

私自身、ダイビングが好きで、フィリピンの離島やインド洋のモルジブ諸島などでスキューバ・ダイビングの経験がある。しかし、「ペリリュー・ドロップ・オフ」と呼ばれる事故現場に身を置いて、私ごとき素人ダイバーが潜れる海ではないことがわかった。ペリリュー島南端の岬に近いスポットは水深が六十メートルくらいある。潮の流れが極端に早く、ボートはエンジンを停止すると、数分のうちに三、四百メートル流された。しかも、波が高さ一、二メートルもあり、どこかにしがみついていないと海に放り出されかねないほどボートは揺れる。

私を現場に案内してくれたパラオ人男性は「海で育った我々でも、よほど気象や潮流の条件が良くないと、ここでは潜らない」と言った。

それほどリスクを冒しても潜る魅力がここにはある。水深十メートルから数百メートルまで海中は崖のように切れ込んでいて、マグロ、カジキなどの大型魚が多数、遊泳している。暗い海底までの途中、何が潜んでいるかわからない未知の海中を探検したいダイバー心理は、私にも理解できる。

✷安全性軽視のツアー

遭難した日本人五人のダイビングツアーを世話したコロール島のダイブショップによると、パラオ人ガイドを含む六人は二月五日朝にダイビングを開始した。ところが、途中で、一行を乗せてきたモーターボートのエンジンが故障し、パラオ人の操縦士はその修理に約十五分を費した。エンジンが修復して元の場所に戻った時には、潜水場所の目安となる空気ボンベからの気泡を発見

発見された遭難ダイバーのライフ・ジャケットなど（コロール島で）

できず、潜水中のダイバーの姿を見失ったという。

現地の警察やダイブショップ関係者、それに米沿岸警備隊や日本の海上保安庁も加わり、空と海から捜索が行われた。事故から四日後、アンガウル島西方十キロの海上で、日本人の男女三人の遺体が漂流しているのを、海上保安庁の航空機が見つけた。このうちの一人の女性会社員が所有していた水中スレート（水中でも字が書ける白板）に、行方不明後もしばらくはダイバーたちが海上を漂流し、最低二月七日までは生きていたことを示すメモがあった。

関係者からの取材で、今回のダイブツアーの問題点がいくつか明らかになった。一つは、モーターボートが単発エンジンだったこと。ボートは安全のため、補助用のある双発エンジンが通常だ。また、操縦士は臨時雇いで特別な資格も保有していなかった。日本では小型船舶操縦士の資格がないとモーターボートは操縦できないが、パラオでは車の免許を持っていればボートを操縦でき、未成年者でさえボートを操っている。操縦士は無線機も持っていなかったため、当局への事故の連絡が遅れた。

日本人ダイバー五人は全員、民間の指導団体が発行するスキューバ・ダイビング認定証を保有していた。ところが、地元のダイビングガイドはこれさえ持っていなかった。ガイドといっても、経験や能力に大きなばらつきがある。それでも、ダイバーたちはおおむね現地のダイブショップがあてがったガイドをそのまま受け入れ、その案内に従って潜っている。ガイドの認定証保有の有無やダイビング経験については事前にチェックしておく必要があった。

捜索態勢も問題を残した。遺体で発見された女性ダイバーの検死結果から、彼女は遭難後、三、四日は生存していたことがわかった。それでも、息のあるうちに発見できなかったのは、パラオ政府がダイビング事故の際のマニュアルや捜索システムを確立していなかったことが大きい。日米両政府の船舶、軍用機なども加わって捜索態勢が強化されたのは、行方不明になって二日も経ってからだった。

捜索活動の中心は一貫して受け入れのダイブショップで、捜索状況の記者会見はずっとショップの責任者が行った。日本では考えられない事態である。

といって、パラオ政府の責任を追及して済む問題ではない。当時、パラオはまだ国連信託統治領。年間予算は四千万ドルにも満たず、自国の軍隊も持っていない。日本並の捜索態勢を求めるのは土台無理な話である。

大事なのは、こうした受け入れ国の事情をダイバーが事前に知っているかどうかだ。日本並の安全対策が期待できない実情がわかっていれば、海中に向かうダイバーの自覚も違ってくる。万一のことを考えて、バルーン、サイレン、フロート（目印となる浮き）などの緊急用品の携帯が必要だろう。リスキーな潜水スポットの場合はなおさらだ。

＊名誉挽回図る観光立国

パラオ政府は世界有数の美しい海を生かした観光産業の発展をめざしている。その国の中核産業に、日本人ダイバーら六人の遭難事故はブレーキをかける結果となった。観光立国として生きていくには、まず海の安全確立が第一ということで、官民一体となった海洋事故防止運動が、六人遭難を機に盛り上がった。

諸島全体がサンゴ礁に囲まれるパラオには無数のダイビングスポットがある。このため、人口一万五千の小さな島国に、主に日本人客を相手にするダイブショップが二十軒ぐらいある。九四年二月の遭難事故は、パラオのダイビング業界に大きな打撃を与えた。

私は事故から八カ月後にまたパラオを訪れる機会があり、業界関係者に話を聞いた。

花束を手に、遭難したダイバーの冥福を祈るナカムラ大統領（中央）や遺族ら（ペリリュー島南端の岬で。1994年２月12日撮影）

「ダイブショップが増え、客獲得のための過当競争が起きていました。業者はもうけを考え、安全性をあとまわしにする体質があった」

パラオで長くダイブショップを営む望月錦吾（三五）は事故の背景をこう指摘する。事故のあったペリリュー島近海では、過去にも年に一、二回は漂流騒ぎなどの事故が起きていたという。

「ダイビング関係者が〝漂流慣れ〟していたんです。いつか何かあるだろう、と思っていましたよ。責任は業者にある。なぜなら、彼らが一番、現地の事情をよく知っているからです。事故の当日は海が荒れていた。ダメなものはダメと断るべきだったんです」

望月は事故を起こした同業者に厳しい目を向ける。その事故を起こしたダイブショップの日本人幹部（四二）は「そのスポットでのダイビングが危

ボートに乗ってダイビングに向かう日本人ダイバー。遭難事故を教訓に安全態勢は強化されたが……（コロール島で）

険と判断される時は、客の要請を断る勇気が必要だった」と、悔やんでも悔やみきれない様子だった。

地元の警察の調べでも、ボートに補助エンジンがなく、ガイドはダイビング認定証を持たないなど、問題点が浮き彫りになった。それでも、パラオにはダイビングについて法的規制がなかったため、ショップ側の刑事責任は問われず、遭難者の遺族に割り切れないものを残した。

この事故が影響してか、その後、パラオを訪れる日本人客は減少傾向を示した。事態を憂慮する望月らダイブ業者、旅行社など関連十九社は「パラオ安全ウォーター・スポーツ協会」という組織を結成した。同協会は事故を教訓にし、ダイビングガイドの資格、ボートのエンジンや装備品など、会員が順守すべき安全基準を作成した。

パラオ政府も法を整備した。「二度と今度のような事故が起きないよう、あらゆる策を講じる」と約束したナカムラ大統領（当時）の指示を受け、海洋安全委員会は「海洋安全規則」を策定し、九四年十月から実施している。

この規則の中では、ダイバーの居所を示すフロート、閃光信号などの携帯を義務づけ、これまで誰でも可能だったモーターボートの操縦を免許制にした。さらにはコンプレッサーの売却・使用まで免許制にし、罰則規定も細かく設けた。また、風雨が強いときのボートの航行ルートも指定している。

パラオは、魚影の濃いサンゴ礁の海という最高の観光資源を持っている。その中心となるダイビング観光を発展させるためには、ダイビングの安全態勢の確立は欠かすことができない。

3　ペリリュー島に眠る遺骨

＊今も目につく戦争の痕跡

日本人とパラオ人のダイバー六人が遭難したのは、ペリリュー島の沖合だった。

この島は太平洋戦争中、日米の激戦が展開され、日本軍が玉砕した島として知られる。島内を歩くと、日本軍の司令部壕、連隊本部壕、トーチカ跡、日米の戦車の残骸など、今でも戦争の痕跡が目につく。

南北七キロ、東西三キロの隆起サンゴ礁の島、ペリリューには、第十四師団の戦闘部隊の約半数にあたる一万人余りの日本兵が配備されていた。連合軍は、ニミッツ提督が率いる中部太平洋軍が一九四四年九月十五日にペリリュー島に上陸を開始した。三日間にわたって猛烈な艦砲射撃を加え、日本軍の防御施設を徹底的に破壊した。

それでも、日本軍は二カ月以上にわたって防御戦を展開し、一部の生存者は翌年二月までゲリラ戦を続けたといわれている。終戦直後の統計によると、ペリリュー島での日本人戦没者は一万人余り、隣のアンガウル島の戦没者は千百五十人。その他のパラオ諸島での戦死者が六百五十人といわれるから、いかにペリリュー島に犠牲者が集中したかがわかる。

✷癒されない島民の心の傷

ペリリュー島の戦没者の遺族団体は、島の墓苑に慰霊塔「みたま」を建てている。これとは別に、神道系の宗教団体が一九八二年に「ペリリュー神社」を島内に建てている。この団体は翌年、アンガウル島にも「アンガウル神社」を建立している。

こうした旧南洋群島での神社復興の動きについては、「神社は日本の侵略のシンボル。それを再

ペリリュー島内にある戦没者を慰霊する「みたま」の塔（松島泰勝氏提供）

建し、戦死者を英霊としてまつるのは、戦争を反省していたらできない行為」との批判が日本国内にある。

この島では、日本兵の遺骨収集がまだ十分に進んでいない。すでに三千体くらいは日本に持ち帰られたとされるが、まだ多数の遺骨がジャングルなどに眠っている。遺骨収集の認可は州の権限に属するが、ペリリュー州知事は一九九六年に「持ち帰り拒否」の方針を打ち出した。

地元の事情に通じる在留邦人の話によると、日本のペリリューへの戦時賠償が不十分なうえに、遺骨を持ち帰らせると日本の慰霊団が島に来なくなることなどが拒否の理由という。

島民たちは戦時中、五十キロ離れたバベルダオブ島に強制的に疎開させられ、ジャングルの中で苦しい生活を強いられた。そのうえ、郷里

日本の宗教団体が建てたペリリュー神社（松島泰勝氏提供）

の島は、日米の激戦で徹底的に破壊された。島民が戦争で受けた心の傷は、戦後五十年以上を経ても、完全には癒されていないのである。

■グアム・ミクロネシア関連略年表

1521年　世界一周航海中のマゼランの一行がグアム島に到着する。
1668年　パドレ・ディエゴ・ルイス・デ・サン・ビトレス神父がグアム島に来島し、カトリックの布教活動を始める。同島と北マリアナ諸島はスペイン領になる。
1672年　サン・ビトレス神父がグアム島で酋長に殺害され、スペイン・チャモロ戦争の発端となる。
1783年　パラオ諸島コロール島の大酋長が座礁した英国船を救助し、西洋人との本格的接触始まる。
1885年　マーシャル諸島がドイツの保護領となる。
1898年　米国がスペインとの戦争（米西戦争）で勝利。スペインに二千万ドルを支払う見返りに、フィリピン、プエルト・リコとともにグアム島を領有する。
1899年　スペインがミクロネシアの他の島々をドイツに売却する。
1914年　第一次大戦が始まる。日本がミクロネシア諸島を無血占領し、農業、漁業を中心に開発を進める。
1920年　国際連盟が日本のミクロネシア委任統治を承認。
1922年　日本がパラオ諸島コロール島に南洋庁の本庁を設置。南洋興発が発足し、サイパン島、テニアン島などで大規模なサトウキビ栽培や製糖事業を手がける。
1941年　12月８日、日本軍、マレー半島コタバル海岸上陸、ハワイ真珠湾攻撃。太平洋戦争始まる。同月10日、日本軍、米国領グアム島を占領。
1943年　日本はサイパン島などを「絶対国防圏」に決定し、兵力を増強。「パラオ挺身隊」を組織し、ニューギニアの戦場に派遣する。
1944年　サイパン、テニアン、ペリリュー、アンガウルなどの島々で日本軍が玉砕。米国はグアム島を奪回し、再び米国領とする。
1945年　テニアン島から発進の米軍の原爆搭載機が広島と長崎に原爆を投下。日本は無条件降伏する。
1946年　米国がマーシャル諸島のビキニ環礁で第一回原爆実験を実施。
1947年　国際連合安全保障理事会が米国を施政国とするミクロネシアの信託統治を承認。
1954年　米国がビキニ環礁で水爆実験「ブラボー・ショット」を実施、近くのロンゲラップ環礁などの住民や日本の漁船「第五福竜丸」の乗組員が被ばくする。
1958年　米国がマーシャル諸島のエニウェトク環礁で最後の核実験を行う。
1965年　国連信託統治地域住民の自治権要求を受け、ミクロネシア議会が発足。
1969年　日米両政府がミクロネシア協定を締結し、同地域への賠償問題に終止符を打つ。
1972年　グアム島のジャングルに28年間潜んでいた横井庄一伍長が発見される。
1978年　ヤップ、トラック（チューク）、ポナペ（ポンペイ）、コスラエの四州で「ミクロネシア連邦」を構成する。
1981年　パラオが非核条項含む憲法を公布、自治政府として発足。
1986年　マーシャル諸島とミクロネシア連邦が米国との自由連合に移行し、独立する。
北マリアナ諸島が米国のコモンウエルス（自治領）に移行する。
1990年　国連安保理がパラオを除くミクロネシアの信託統治終了を承認する決議を行う。
1992年　パラオの大統領選挙で日系のクニオ・ナカムラ大統領が当選。
1993年　パラオが八回目の住民投票で、米国との自由連合盟約を承認する。
1994年　パラオ諸島ペリリュー島近海で日本人ダイバーら六人が遭難。
世界最後の国連信託統治領だったパラオが米国との自由連合に移行し、独立。
1995年　フランスがムルロア環礁で核実験を実施し、マーシャル政府などが猛反発。
1997年　大韓航空機がグアム島で墜落し、227人が死亡。
2000年　マーシャル諸島で国会議長だったケサイ・ノートが無投票で新大統領に選ばれる。
パラオの大統領選挙で、副大統領のトミー・レメンゲサウが対立候補の日系の上院議員、ピーター・スギヤマを破って当選する。

回主な参考文献

〔日本語版〕

＊石上正夫編『母と子で見る南の島の悲劇――テニアン・サイパンの玉砕』（草の根出版会、一九九四年）
＊上原伸一『海の楽園パラオ――非核憲法の国は今』（あみのさん、一九九〇年）
＊大江志乃夫『日本植民地探訪』（新潮選書、一九九八年）
＊川崎洋『サイパンと呼ばれた男――横須賀物語』（新潮社、一九八八年）
＊K＆Bパブリッシャーズ『個人旅行２　グアム』（昭文社、一九九八年）
＊小林泉『ミクロネシアの小さな国々』（中公新書、一九八二年）
＊小林泉『アメリカ極秘文書と信託統治の終焉――ソロモン報告・ミクロネシアの独立』（東信堂、一九九四年）
＊斉藤達雄『ミクロネシア』（すずさわ書店、一九七五年）
＊桜井均『ミクロネシア・レポート――非核宣言の島々から』（日本放送出版協会、一九八一年）
＊島田興生『還らざる楽園――ビキニ被曝40年　核に蝕まれて』（小学館、一九九四年）
＊ＪＴＢ出版事業局編集六部『ワールドガイド　サイパン・ロタ・テニアン'00～'01』（ＪＴＢ、二〇〇〇年）
＊柴田賢一『白人の南洋侵略史』（興亜日本社版、一九三九年）

＊白井文吾編『烈日サイパン島』（東京新聞出版局、一九七九年）
＊鈴木均『サイパン無残——「玉砕」に潰えた「海の満鉄」』（日本評論社、一九九三年）
＊太平洋学会編『太平洋諸島入門』（三省堂選書、一九九五年）
＊高山純、石川榮吉、高橋康昌『地域からの世界史　第17巻　オセアニア』（朝日新聞社、一九九二年）
＊野村進『海の果ての祖国』（時事通信社、一九八七年）
＊平塚柾緒編『グアムの戦い　太平洋戦争写真史』（月刊沖縄社、一九八一年）
＊舩坂弘『秘話パラオ戦記』（光人社NF文庫、二〇〇〇年）
＊堀川潭『玉砕！　グアム・サイパン』（学習研究社、一九七二年）
＊本多勝一『マゼランが来た』（朝日新聞社、一九八九年）
＊毎日新聞社『最後の一兵——グアム島取材記者団の全記録』（毎日新聞社、一九七二年）
＊マーシャル・ロンゲラップ島民との連帯交流代表団『ロンゲラップ島はいま』（原水爆禁止日本協議会、二〇〇一年）
＊マリア・ラミレズ『Guide to Guam USA』日本語訳（グアム政府観光局）
＊湯原浩司・西村誠『太平洋戦争50周年記念写真集　残像　上巻「内南洋・玉砕の夢」』（風雅書房、一九九五年）

〔英語版〕
＊Farrell, Don A. "History of Northern Mariana Islands" (Public School System Comm

onwealth of the Northern Mariana Islands, 1991)
＊Farrell, Don A. "Tinian" (Micronesian Productions, CNMI, 1992)
＊McPhetres, Samuel F. "Federal Views on CNMI Labor Conditions――Political Issues Relating to Labor in the CNMI as Viewed by the Federal Administration"
＊Saipan Garment Manufactures Association "Report on the Economic Impact of the Garment Industry on The Commonwealth of the Northern Mariana Islands".Dec.1999
＊Sanchez C. Pedro "Guahan Guam The History Of Our Island" (Sanchez Publishing House, Agana, 1998)
＊ "The Contemporary Pacific A Journal of Island Affairs Volume12・Number2" (University of Hawai'i Press, Fall 2000)

✻——あとがき

グアム島やサイパン島は、ハワイと並び、日本人に最も人気のある太平洋のリゾートである。年間、グアム島には百万人、サイパン島には四十万人もの日本人が訪れている。

書店には、この両島について紹介する観光ガイドブックがたくさん並んでいる。しかし、この地域の歴史や政治、社会が抱える問題について書かれた本は本当に少ない。ましてグアム、ミクロネシアの地域全体を見渡したものは数えるほどしかない。

日本はミクロネシアを三十年間統治したころ、この地域を「南洋群島」と呼び、大勢の日本人移民を送り出した。太平洋戦争中は日米の激戦地だった。それでも、いまこの地域を訪れる日本人は観光やショッピングに大半の時間を費やし、地域の歴史や実情を知る機会はほとんどないように見える。

最近は、日本に最も近い英語圏の外国ということで、グアムやサイパンを修学旅行で訪れる日本の若者も増えつつある。しかし、その地域の歴史や社会問題を学習する本はほとんど見あたらない。高文研の『観光コースでない沖縄』や『観光コースでない韓国』などは、修学旅行生の必読の書になっていると聞く。それならば、歴史的に日本と関わりの深いグアム・ミクロネシアについても、このシリーズに加え、この地を訪れる日本の若者たちにその歴史や地域が抱える問題を知ってもらいたい。そんな思いから、この本の構想が生まれた。

「はじめに」に記したように、私は学生時代にミクロネシアの諸島を転々としながら旅行した。新聞社のマニラ特派員時代にも、グアム島はじめミクロネシアに何度か取材で足をのばした。パラオ諸島は九三年から九四年にかけてつごう三回訪れ、マーシャル諸島は一九九五年に初めての取材旅行をした。しかし、これを本にするには、まだかなりの追加取材が必要だった。二〇〇〇年十一月にグアム島を訪れたが、本書でも取り上げた「横井ケーブ」で足を滑らせて転倒し、左手首を骨折するという思わぬ事故に遭った。このため、予定していたサイパン、テニアンの旅行は中止し、帰国せざるをえなくなった。サイパン、テニアンについては、二〇〇一年二月に出直し取材した。その後も関係者に会って話を聞いたり、資料収集に務めた。それが本書のベースになっている。

グアム島ではグアム大学ミクロネシア地域研究所所長の倉品博易氏、サイパン島では教育コンサルタントでもある北マリアナ大学講師のサムエル・マフェトレス氏に何度も会い、多方面にわたって地域の事情について教えをこうむった。

マーシャル諸島については事前に、被ばく民について詳しいフォト・ジャーナリストの島田興生氏に現地事情をうかがい、現地では元ロンゲラップ村長のジョン・アンジャイン氏に被ばく者の自宅を一軒一軒案内してもらった。二〇〇〇年末までパラオ諸島共和国大統領だったクニオ・ナカムラ氏のインタビューを二度もアレンジしてくれた大統領特別補佐官（当時）のローマン・ヤノ氏はじめ、各島で多くの方々が取材に協力してくれた。

登場人物は敬称を略させていただいた。年齢は、取材当時のものである。

本書掲載の写真は、その大半が私が撮影したものだが、マーシャル諸島とパラオ諸島の一部は、取材に協力を惜しまなかったアジアボランティアセンター（ＡＶＣ）と島嶼研究家の松島泰勝氏がそれぞれ提供してくださった。

高文研の「観光コースでない」シリーズは、私にとって、『観光コースでないフィリピン』（一九九七年に初版出版、二〇〇〇年に三刷出版）に続き二作目の本である。前作同様、執筆を励まし続けてくれた同社営業部長の飯塚直氏は、本書の共同制作者と思っている。ここで、改めてお礼を申し上げたい。

二〇〇一年　七月

大野　俊

大野　俊（おおの・しゅん）

1953年、徳島市生まれ。九州大学理学部卒業。国立フィリピン大学アジアセンターで修士号取得。78年に毎日新聞社入社後、大阪社会部、外信部などを経て、90年12月から95年９月までマニラ支局長。この間、東南アジア、オセアニアの15カ国で取材活動にあたる。94年から１年間、フィリピン外国人特派員協会会長。大阪経済部編集委員を経て、2000年９月まで同部副部長。98年４月から10月まで四天王寺国際仏教大学非常勤講師（現代アジア論）。2001年１月からオーストラリア国立大学博士課程（東南アジア研究）に在籍。著書に『観光コースでないフィリピン』（高文研）、『ハポン――フィリピン日系人の長い戦後』（第三書館）、『赤い川』（同）、英語論文に「JAPANESE－FILIPINOS IN DAVAO：A PRELIMINARY STUDY OF AN ETHNIC MINORITY(ASIAN CENTER,UNIVERSITY OF THE PHILIPPINES)」がある。

共著では、『動物たちはいま』（日本評論社）、『アジア30億人の爆発』（毎日新聞社）、『アジア衛星スター・ウォーズ』（岩波ブックレット）、『カンボジアの苦悩』（勁草書房）、『フィリピンの事典』（同朋舎）、『ピースボート出航！』（第三書館）、『どのくらい大阪』正・続（いんてる社）などがある。

観光コースでない
グアム・サイパン

●二〇〇一年七月二〇日――――第一刷発行

著　者／大野俊

発行所／株式会社高文研
東京都千代田区猿楽町二－一－八
三恵ビル（〒一〇一＝〇〇六四）
電話　03＝3295＝3415
振替　00160＝6＝18956
http://www.koubunken.co.jp

組版／高文研電算室

DTPソフト／パーソナル編集長 for Win

印刷・製本／光陽印刷株式会社

★万一、乱丁・落丁があったときは、送料当方負担でお取りかえいたします。

ISBN4-87498-260-3　C0036

◆沖縄の現実と真実を伝える高文研の本 1

観光コースでない 沖縄 第三版
新崎盛暉・大城将保他著　1,600円
今も残る沖縄戦跡の洞窟や碑石をたどり、広大な軍事基地をあるき、揺れ動く「今日の沖縄」の素顔を写真入りで伝える。

改訂版 沖縄戦 民衆の眼でとらえる「戦争」
大城将保著　1,200円
集団自決、住民虐殺を生み、県民の四人に一人が死んだ沖縄戦とは何だったのか。最新の研究成果の上に描き出した全体像。

沖縄戦・ある母の記録
安里要江・大城将保著　1,500円
県民の四人に一人が死んだ沖縄戦。人々はいかに生き、かつ死んでいったか。初めて公刊される一住民の克明な体験記録。

ひめゆりの少女 ●十六歳の戦場
宮城喜久子著　1,400円
沖縄戦〝鉄の暴風〟の下の三カ月、生と死の境で書き続けた「日記」をもとに戦後50年のいま伝えるひめゆり学徒隊の真実。

沖縄修学旅行 第2版
新崎盛暉・目崎茂和他著　1,300円
戦跡をたどりつつ沖縄戦を、基地の島の現実を、また沖縄独特の歴史・自然・文化を、豊富な写真と明快な文章で解説！

「集団自決」を心に刻んで ●一沖縄キリスト者の絶望からの精神史
金城重明著　1,800円
沖縄戦〝極限の悲劇〟「集団自決」から生き残った16歳少年の再生への心の軌跡。

情報公開法でとらえた 在日米軍
梅林宏道著　2,500円
米国の情報公開法を武器にペンタゴンから入手した米軍の内部資料により、初めて在日米軍の全貌を明らかにした労作！

情報公開法でとらえた 沖縄の米軍
梅林宏道著　3,000円
いまやアジアからアフリカ東岸までをにらむ戦略・作戦基地となった在沖米軍の全部隊と基地の実態を暴露した問題作。

新版 沖縄・反戦地主
新崎盛暉著　1,700円
基地にはこの土地は使わせない！圧迫に耐え、迫害をはね返して、〝沖縄の誇り〟を守る反戦地主たちの闘いの軌跡を描く。

●女性カメラマンがとらえた 沖縄と自衛隊
石川真生／写真と文　2,000円
沖縄に生きる女性写真家が体当たりでとらえた自衛隊の実像と市民社会浸透作戦。

これが沖縄の米軍だ
石川真生・國吉和夫・長元朝浩著　2,000円
沖縄の米軍を追い続けてきた二人の写真家と一人の新聞記者が、基地・沖縄の厳しく複雑な現実をカメラとペンで伝える。

基地の島から平和のバラを
島袋善祐・宮里千里　1,600円
沖縄で米軍と対峙してバラ作りに励む反戦地主・島袋善祐氏が、ユーモアあふれる個性的な語り口でその半生と思想を語る。

★表示価格はすべて本体価格です。このほかに別途、消費税が加算されます。